# AUFBRUCH INS UNBEKANNTE

## DER INDISCHE SUBKONTINENT

### REISEABENTEUER

### TEIL 2

### DAVIA FRANZ

# VORWORT

Neugierde ist der Antrieb meiner Reisen, zu wissen was einem hinter dem Horizont erwartet. Sich zu wundern über die WELT, wie ein kleines Kind, dass jeden Morgen erwacht, zu sehen, wie die Sterne unter dem Äquator aussehen,
Die Welt mit eigenen Augen entdecken und nicht aus dem Blickwinkel der Medien und Bücher.
Die Welt wartet darauf, entdeckt zu werden. Der Aufbruch ins Unbekannte, versorgt die Menschen oft mit Bedenken. Die Gefahr solch einer Reise wird oft zu hoch eingeschätzt. Das Buch soll anregen sich selbst auf die Reise zu machen, die Angst vorm Backpackern zu nehmen.
Wer einmal den Duft des asiatischen Kontinents geschnuppert hat, wird süchtig, immer wieder neue geheimnisvolle Orte kennenzulernen. Nur, man sollte sich bald auf den Weg machen, da die Welt immer mehr zerstört wird.
Im Buch werden persönliche Erinnerungen, sowie Fakten und Informationen der jeweiligen Länder wiedergegeben.

*„Wer einmal nicht nur mit den Augen,*
*sondern mit der Seele in Indien gewesen*
*ist, dem bleibt es ein Heimwehland"*

Copyright

Text Copyright 2018 Davia Franz
Covergestaltung Davia Franz
Fotos Rainer, Sina und Davia Franz

Alle Rechte vorbehalten

Herstellung und Verlag:
BoD - Books on Demand, Norderstedt
ISBN: 9783750494183

http://www.aufbruch-ins-unbekannte-reisebuch.de

*Danke, an alle diejenigen, die es ermöglicht haben, dieses Buch zu schreiben.*

Rainer, meine Tochter Sina, mein Sohn Patrick, meine Mutter Gisela, meine Freundin Beate.

Inhaltsverzeichnis

# Der indische Subkontinent

# Indien – Das Land der Mystik und Maharadschas

Eine Reise nach Indien ist eine kostbare Erinnerung für immer.

Indien ist ein Land mit großer Tradition.

Indien, der Name beschwört Bilder von Mystik und Maharadschas, von Tigern und Elefanten von Ghandi und dem britischen Empire herauf. Es ist ein Land mit unendlicher Vielfalt, mit einer Palette von Farben, Gerüchen, Bräuchen und verschiedenen Landschaften.

Indien ist die Heimat der ältesten überlebenden Kulturen der Erde und die Geburtsstätte von vier großen Religionen, dem Hinduismus, Buddhismus, Jainismus und Sikhismus. In Indien wurden die Null und das Dezimalsystem erfunden.

Für den Einstieg unserer großen Reisefreiheit, die wir jetzt nach Maueröffnung endlich ausprobieren können haben wir uns, für damalige Zeiten, eines der außergewöhnlichsten Reiseziele ausgesucht, Indien (1992).

Wir reisen von der Hauptstadt Neu Dehli nach Agrar, besuchen das Taj Mahal und Fatepuhr Sikri, die Stadt des Sieges. Wir durchqueren den Bundesstaat Rajastan, eines der ursprünglichsten und farbenprächtigsten Gebiete Indiens. Es ist die Heimat der Maharadschas und Kamele. Die Hauptstadt Jaipur, mit ihren pinkfarbenen Häusern und dem Palast der Winde, ist ebenfalls ein Stopp auf unserer Reise. Es geht weiter nach Pushkar, ein zwischen Hügeln und Dünen gelegener heiliger Wallfahrtsort.

Dann fahren wir auf erschwerten Wegen in die Wüste Thar nach Jaislmer, einem wahr gewordenem Traum eines orientalischen Märchens. Von dort ist es ein weiter Weg nach Udaipur, der Stadt mit den weißen Palästen im Süden von Rajastan. Zur Erholung fliegen wir dann noch an die Strände von Goa, dem einzigen ehemals portugiesischen Bundesstaat Indiens. Und zu guter Letzt statten wir der Hauptstadt Bombay einen Besuch ab.

Wir buchen einen Flug nach Neu Dehli, der nachts um 2.00 Uhr dort ankommt. Es beginnen für uns drei Stunden voller Angst und Schrecken. Außerhalb des Flughafen-gebäudes atme ich zunächst die warme unbekannte Luft ein.

Es ist Januar und in Berlin war es kalt und nass. Wir steigen in einen Bus, der uns ein Stück näher in die Stadt bringen soll. Kaputte Scheiben, offenstehende Türen und Inder, die ihren Kopf in Tüchern eingewickelt haben, sehen uns Unverständnis voll an. Wir kommen uns vor, wie die einzigen Weißen, die jemals um diese Zeit mit einem Linienbus gefahren sind.

Die Nacht ist stockfinster. An der Endstation der Buslinie streiten sich mehrere Rikscha Fahrer, um den „fetten Braten", der aus dem Bus aussteigt. Unsere Entscheidung fällt auf den uns zulächelnden Fahrer mit den Worten „Hello my friend". Kaum sitzen wir im Fahrzeug, fragt er uns, ob wir das erste Mal in Indien sind. Ich antworte mit einem klaren „Ja". Das war wohl unser größter Fehler.

Die Fahrt führt uns durch dunkle Straßen und Gassen. Überall sitzen verhüllte Menschen am Straßenrand und verbrennen Müll, um sich zu wärmen, etwas zu kochen oder um etwas Licht zu haben. Die Kühe und Schweine rennen kreuz und quer über die Straßen. Der Rikscha Fahrer holpert mit uns über Bürgersteige und durch tiefe Löcher. Es ist der absolute Kulturschock. Bevor wir losfahren, sagte Rainer dem Fahrer, in welches Hotel er uns bringen soll. Wir nehmen an, dass er das auch tut, da er ja mit dem Kopf nickte. Falsch gedacht. Plötzlich hält er in einer dunklen Ecke an. Dort steht ein Mann mit einem riesigen großen Knüppel in der Hand. Ich bin fest davon überzeugt, dass hier unsere Reise ein bitteres Ende nehmen wird. Die beiden Männer reden miteinander und teilen uns dann mit, dass unser Hostel aufgrund der Konflikte zwischen Moslems und Hindus, die zurzeit ausgebrochen sind, geschlossen ist.

Er sagte uns aber, dass das alles kein Problem sei, es gäbe ja schließlich noch mehr Hotels in dieser Stadt. Da wir aus unserem Travellerbuch die Preise für einfache Unterkünfte wussten, sind wir völlig entsetzt, als unser Fahrer an einem Hotel anhält, wo die Nacht 120 $ kosten soll. Unser Budget liegt bei 10 $. Wir lehnen ab, und fahren weiter. Nach drei weiteren Hotels, die wir aufgrund des Preises ablehnen, wird unser Fahrer immer unfreundlicher. Es ist jetzt bereits 5.00 Uhr morgens, und wir sind von der langen Reise und den ersten Eindrücken dieses Landes völlig erschöpft. Im Royal Palace nimmt unsere Nachtfahrt ein Ende. Rainer klingelt an der Pforte, und ein verschlafener Portier öffnet uns das Tor. Der Fahrer kommt mit uns hinauf in unser Zimmer. Er verlangt von uns den Übernachtungspreis und sein Fahrgeld. Wenn wir nicht sofort zahlen, wird er die Polizei holen. Rainer sagt, mehr als 50 $ bekommt er nicht. Wütend wirft er die Geldscheine auf die Erde, nimmt sie dann jedoch auf und geht hinunter. Bei noch geöffneter Tür hören wir, wie die beiden glücklich über das gelungene Geschäft lachen.
Unser Fahrer fährt davon, „Willkommen in Indien".

Am nächsten Tag erfahren wir, dass wir den doppelten Preis bezahlt haben. Sage niemals in Indien, du bist das erste Mal hier.

1911 wurde die Hauptstadt von Kalkutta nach Dehli verlegt.
**Neu Dehli -** ist eine Kunststadt, die zu Beginn des 20.Jahrhunderts von den Engländern geplant und innerhalb weniger Jahrzehnte verwirklicht wurde. Breit angelegte Straßen, schöne Parkanlagen und großzügig konzipierte Wohnviertel, Bürohochhäuser von Banken und Versicherungen stehen hier im Dunstkegel der Stadt.

Lärmend geschäftiges Treiben, Kühe, Dreck, klingelnde Fahrradfahrer, stinkende Auspuffgase und Kinder, die uns unsere Römersandalen putzen wollen, erwarten uns beim Heraustreten aus dem Hotel. Häuserwürfel reihen sich aneinander, oft fehlt das 2.OG oder der Balkon. Bewehrungsstähle wurden jedoch vorsorglich schon vorgesehen. Rund um den kleinen Park vor unserem Hotel haben Obdachlose ihre Wäsche auf dem Zaun zum Trocknen auf gehangen. Ein Schneider, dessen Bart bei seinem Lachen bis fast zum Ansatz seines Turbans reicht, sitzt in Hockstellung arbeitend, an seiner Nähmaschine am Straßenrand. Ein junger Mann sitzt daneben und schabt sich gerade den Rasierschaum aus dem Gesicht.
Unsere Rucksäcke lassen wir an der Rezeption stehen, denn für uns ist klar: für heute Nacht suchen wir uns eine andere Unterkunft. Neben einem Wagen, der Essen verkauft, wird gerade Holzkohle hergestellt und der schwarze Ruß setzt sich wirbelnd auf die bis dahin lecker aussehenden frisch frittierten Bällchen in der großen Schüssel nieder. Ich bin mir nicht sicher, ob ich wirklich

die nächsten vier Wochen in diesem Land verbringen kann.

Auf dem Sadar Bazar in Old Dehli treffen wir auf zwei Dresdner, die sich schon einige Zeit in Indien aufhalten und die kleinen Geheimnisse, die dieses Land verbirgt, schon recht gut kennen. Sie geben uns viele kleine Tipps, sodass wir nun auf alle Gefahren vorbereitet sind. Die beiden wollen sich ein Floss bauen und von der Quelle des Ganges, nahe der tibetischen Grenze im Himalaja bis nach Kalkutta fahren. Ob sie es je geschafft haben, wissen wir nicht.

Viel Zeit haben wir nicht. Es sind noch vier Probleme an diesem Tag zu lösen, da wir morgen früh schon weiter nach Agra reisen wollen. Ein Freund aus Berlin, der Wasserpfeifen vertreibt, hat uns ein Model mitgegeben, welches wir irgendwo in dieser 17 Millionen Metropole in einem Büro abgeben sollen. Der Begriff Büro war wohl stark übertrieben. In einem Hochhaus zwischen den hundert anderen Büros, im 10.Stock finden wir auf einem langen Flur ein Zimmerchen von fünf Quadratmetern. Dort sitzt ein Mann, der uns freundlich begrüßt. Wir übergeben ihm das Model und verabschieden uns.

Problem Nr.2, die indische Botschaft in Berlin hatte uns unser Visum so ausgestellt, dass es bereits nach fünf Tagen Aufenthalt in Indien abgelaufen ist. Wir suchen und finden schließlich auch das kleine Konsulat. Bereits von weitem hören wir die mindestens zwanzig klappernden Schreibmaschinen. Wir stellen uns in die Schlange der Wartenden. Die Leute rufen und reden durcheinander. Sie halten Zettel mit Nummern in die Höhe.

Schließlich können wir auch eine Nummer am dichtgedrängten Ausgabepunkt erhaschen, und erstaunlicherweise haben wir nach über einer Stunde den Stempel zur

Verlängerung des Visums im Reisepass. Nun ist noch das Busticket nach Agra und ein neues Hostel zu organisieren. Zwischendurch besichtigten wir jedoch noch das Jantar Mantar Observatorium.

Es beherbergt verschiedene Bauwerke, die nach astronomischen Gesichtspunkten errichtet worden sind.

Wir kaufen noch das Busticket nach Agra, beziehen unser neues Hotel, an dem wir am Morgen, nicht erwartend, pünktlich um 6.00 Uhr von unserer Herberge abgeholt werden.

**Agra-** Als erster Mogulherrscher hatte Akbar der Große (1556-1605) anstelle von Dehli die Stadt am Ufer des Yamuna Flusses zur kaiserlichen Residenz gewählt und eine prächtige Hauptstadt gebaut. Leider war von dieser Prächtigkeit nicht mehr viel zu sehen. Wenn hier nicht der Ausgangspunkt zu einem der schönsten monumentalen Gebäude der Welt stehen würde, könnte man Agra auch umfahren. Mittags kommen wir auf dem staubigen Busbahnhof an, suchen wir uns erst mal wieder ein Hostel, und wählen das Mumtaz Guest House aus. Auf der Rückseite des Hotels befindet sich ein wunderschön angelegter Garten. Wir machen uns auch gleich auf den Weg zum „Red Fort", welches von Akbar im 16. Jahrhundert aus rotem Sandstein erbaut wurde. Eine Doppelmauer von über zweieinhalb Kilometer umgibt die große Festungsanlage. Durch die nicht durchgängig geplante Bautätigkeit entstanden über 560 Einzelgebäude. Das Fort war eine in sich geschlossene königliche Stadt mit tausenden von Bediensteten.

Wir wandeln zunächst durch den Arkadenhof mit der öffentlichen Audienzhalle. Durch die kleine Juwelenmoschee im Norden und dem Basar, in dem früher die Händler ihre Waren für den Harem feilboten, führt der

Weg weiter zu einer großen Terrasse. Von hier aus hat man einen schönen Blick über den Yamuna und das im Hintergrund gelegene „Taj Mahal". Nach Süden schließt sich die private Audienzhalle Akbars an, von der aus man zu dem leicht aus der Mauer vorspringenden achteckigen Turm herabsteigt. In diesem Turm wurde Shah Jahan von seinem Sohn gefangen gehalten. Es folgen die wunderschönen Marmorgemächer Shah Jahans mit vergoldeten bengalischen Dächern. Hier kann ich mir in meiner Fantasie die ganze Pracht und den Lebensstil der Fürstenhäuser hautnah vorstellen. Noch völlig in Gedanken in der Welt der Maharajas versunken, gehen wir in unser Guesthouse zurück. Hier wollen wir jetzt auch ein wenig die Zeit, in der wir gerade geträumt haben nachfühlen. Im Garten, in dem mehrere große Tische mit ebenso großen verzierten Stühlen unter einem Sonnendach stehen, bestellen wir uns einen „Thali". Ein Thali ist ein in Indien verbreitetes vegetarisches Gericht. Dieses wird uns auf einer riesigen Silberplatte serviert. Die vielen kleinen Schüsseln, gefüllt mit Chutneys, Dhal (Brei aus Hülsenfrüchten), Gemüse und Kartoffeln werden in einer bestimmten Ordnung rund um den Reis, den Chapatis und gebackenen Pfannkuchen angeordnet. Auch eine Schüssel mit Joghurt, der die Schärfe der Gewürze mildert, vervollständigt dieses Gericht. Nach indischer Sitte wird ein Thali mit der Hand gegessen und zwar mit der rechten, da die Linke als unrein gilt. Die linke Hand wird zum Reinigen nach dem „großen Geschäft" benutzt.
Wir konnten dies später auf der Fahrt durch das Land beobachten. Die Inder gehen mit einem Wasserkännchen ins Feld, entleeren sich, reinigen sich mit der linken Hand und waschen diese anschließend mit Wasser aus dem Kännchen ab. Das Essen war jedenfalls super lecker und

der erste richtige Gaumenschmaus seit unserer Ankunft. So nimmt der zweite Tag unserer Reise ein zufriedenes Ende.

Am nächsten Tag unternehmen wir einen Ausflug in das 40 km entfernte **„Fatepuhr Sikri"** – die Stadt des Sieges. Ein wunderschönes Königstor zum Moscheehof öffnet sich am Eingang. Eine alte Legende berichtet von der Entstehung im Jahre 1570. Der kinderlose Großmogul Akbar betete in der Klause des berühmten Eremiten Salim Chisti, um die Geburt eines Sohnes. Der Heilige prophezeite ihm drei Söhne. Als tatsächlich wenig später ein gesundes Kind geboren wurde, errichtete Akbar am Wohnsitz des Eremiten aus Dankbarkeit eine ganze Stadt - Fatepuhr Sikri. In wenigen Jahren war die neue Residenz fertig gestellt. Als erstes Bauwerk entstand die Große Moschee Jami Masjid, in deren Hof dem Heiligen ein Mausoleum errichtet wurde. Noch heute pilgern indische Frauen hierher, um für männliche Nachkommen zu beten. Sie knüpfen bunte Fäden an den Fruchtbarkeitstempel, der in der Mitte des Hofes steht. Ganz aus rotem Sandstein errichtet und mit allem Luxus ausgestattet, wurde Fatepuhr Sikri 1570 gebaut und nach kaum zehn Jahren aus Wassermangel wieder verlassen. Zurück blieb eine Geisterstadt. Heute kann man wieder durch eine intakte herrschaftliche Stadt wandeln, mit mehrstöckigen Palästen, Gärten und einem Marktplatz, einem Wasserwerk, unzähligen überdachten Gängen, Treppen und Terrassen. Die untergegangene Metropole vereint zwei Gegensätze, die figurative Architektur der Hindus und die geometrische des Islam. Auf dem Weg zum Taj Mahal fängt uns ein Teppichhändler ab, wir möchten doch bitte mitkommen und seine Fabrik besichtigen. Kinderarbeit in Indien ist ein schwieriges Problem. Die Allerärmsten geben ihre Kinder in diese Fabriken, in denen sie unter schlechtesten unhygienischen Arbeitsbedingungen zu extrem niedrigen Löhnen acht Stunden am Tag arbeiten müssen. Mit den Füßen stehen sie in den Becken mit der aggressiven Farblauge oder sie atmen beim Knüpfen der Teppiche die Flusen ein, was zu schweren Lungen-krankheiten führen kann. Mit den Worten, das wir niemals so einen Teppich kaufen werden verlassen wir voller Entsetzen die Fabrik. Die Kluft zwischen arm und reich ist in diesem Land heute wie damals riesig. Vor dem Eingang zum „Taj Mahal", man kann es kaum glauben, welcher Reichtum an Geld hier verschwendet wurde, wo nur wenige Meter entfernt das blanke Elend lebt.

Das **„Taj Mahal" ist** der monumentale Ausdruck einer Liebe. Shah Jahan baute dieses Monument in Erinnerung an seine Lieblingsfrau Mumtaz Mahal, welche im Alter von 38 Jahren nach der Geburt des 14. Kindes starb. Insgesamt 20.000 Arbeiter benötigten 22 Jahre, um diese Liebeserklärung aus weißem Marmor fertig zu stellen. Böse Zungen behaupten, dass allen Arbeitern nach Fertigstellung des Bauwerkes die rechte Hand abgehackt wurde, damit sie nie wieder so ein Bauwerk errichten können. Die enormen Kosten führten den Staat in den finanziellen Ruin. Für Shah Jahans machthungrigen Sohn war das ein willkommener Anlass, den Sturz seines Vaters zu legitimieren. Seinen Vater hielt er im Red Fort (wie vorhin schon erwähnt) acht Jahre lang im Turm mit Blick auf das Taj Mahal gefangen. Das Taj steht auf einer 100 x 100 m großen Marmorplattform, die an allen vier Ecken von 41 m hohen Minaretten begrenzt wird. Das durch äußerst filigran gearbeitete Marmorfenster einfallende Tageslicht vermittelt zusammen mit dem Echo der Menschenstimmen auch im Inneren des Gebäudes eine fast magische Stimmung. Farbgebung, Material, Ornamentierung, Größenverhältnisse, nichts blieb dem Zufall überlassen. Alles wurde in vollkommener Symmetrie angeordnet. Wichtiger Bestandteil der Anlage ist die zwischen dem Eingangstor und dem Taj gelegene Gartenanlage. Das satte Grün der Pflanzen bildet einen gelungenen Kontrast zum Weiß des Taj und zum Blau des Himmels. Besonders der den Garten durchlaufende Wassergraben mit dem sich spiegelnden Taj Mahal bildet eine perfekte Symmetrie. Ganz benommen von der Schönheit dieses Monumentes stürzen wir uns noch einmal in Agras Straßenleben, was einen sofort wieder in die Realität des Landes zurückbringt.

Morgens am Busbahnhof, wie überall auf der asiatischen Welt, versammeln sich meist Bettler und „Behinderte".
In Indien werden oft Kinder gleich nach der Geburt zu Krüppeln verunstaltet, um besser betteln zu können.
Obwohl seit 1948 das Kastensystem aus der Verfassung eliminiert wurde, beherrscht es hier in Rajasthan weiterhin die Menschen. Das Wort Kaste bedeutet „Reinheit".
Die höchste Kaste sind die Brahmanen, die niedere die Müllabfuhr. Bettler sind kastenlos.
Mit dem Bus unterwegs nach Jaipur sehen wir am Straßenrand Schlangenbeschwörer, tote Kühe, welche von streunenden Hunden angefressen werden und Frauen in ihren farbenfrohen Saris, die mit harter körperlicher Arbeit beschäftigt sind. Auf den Busfahrten gibt es für Frauen keine Möglichkeit auf die Toilette zu gehen. Es gibt keine öffentlichen WCs. Den Frauen hier wird es untersagt am Tag zu trinken, dann müssen sie auch nicht auf die Toilette gehen. Nur nachts, wenn es dunkel ist, können sie hinter einer Hauswand oder auf dem Feld ihre Notdurft lassen.

Viele Frauen leiden daher an Nierenproblemen. So bleibt auch mir nur die Möglichkeit, hinter einem Hühnerstall Wasser zu lassen.

**Jaipur- Pink City**, ist die Hauptstadt von Rajasthan und Rajasthan ist der kulturreichste Bundesstaat von Indien. In keiner anderen Region des indischen Subkontinentes besitzt die lange traditionsreiche Vergangenheit einen vergleichbar starken Einfluss auf die Gegenwart wie in Rajasthan. Darin liegt wohl auch der Zauber dieses Landes begründet. Die Stadt ist von einer aus rosarotem Sandstein eingebauten Stadtmauer umgeben. Auch die Häuser der Altstadt sind aus rosarotem Sandstein gebaut. Später wurden die Gebäude nur noch in dieser Farbe angestrichen. Jaipur wurde nach genau städteplanerischen Prinzipien entwickelt und in neun Quadrate eingeteilt. Alle Hauptstraßen sind 34 m breit, alle Nebenstraßen sind entsprechend gitterförmig dazu angelegt. Die Zünfte der verschiedenen Handwerker, wie Färber, Juweliere, Steinmetzen und Gerber bekamen verschiedene Viertel zugewiesen, die heute noch so existieren.

Gegen Mittag kommen wir in Jaipur an und lassen uns im Hotel „Evergreen" nieder. Im Restaurant des Hotels fühlt man sich wie in einem Tropenhaus, welches mit unzähligen Palmen und Pflanzen bewachsen ist. Viele Traveller haben sich hier ihre Unterkunft gesucht.

Bei einen Bummel durch die Stadt kommen uns viele bunt geschmückte Reiter auf ihren Pferden oder Elefanten auf der Straße entgegen. Plötzlich ertönen mehrere Schüsse. Alles rennt kreuz und quer durcheinander, die Kühe, die Hunde und die Menschen. Wir verstecken uns zunächst hinter einer Häuserwand und warten einige Zeit ab. Als die Normalität auf der Straße wieder hergestellt ist, kommen wir aus unserem Versteck zum Vorschein. Dann setzen wir uns, mit einem Schrecken davongekommen zu sein, in ein Restaurant und trinken Tee. Ein junger Inder erzählt uns, dass fundamentalistische Hindu Studenten zu einem Aufruhr zu den Konflikten mit den Moslems aufgerufen haben, und dabei auch Schüsse fielen.

Kurz vor unserer Abreise am 12. Januar stand in der Zeitung *„Hindu Fundamentalisten wollen Indiens 100 Millionen Moslems mit aller Gewalt aus dem Land treiben. Die Hindus zerstören Moscheen und die Moslems verüben Anschläge auf Basare und Hotels“*.

Schade, dass es auch in diesem Teil der Welt nicht immer friedlich zugeht. Dann machen wir uns auf den Weg zum „Palast der Winde“, der eigentlich kein Gebäude, sondern eine 25 cm dicke Fassade ist. Dieses fünfstöckige außergewöhnliche Bauwerk wurde 1799 von Maharaja Singh II errichtet. Mit 953 Nischen und Fenstern, die es den Hofdamen ermöglichen sollte, das Treiben auf der Straße ungesehen zu beobachten. Leider bot uns der Anblick auf die Straße ein nicht so erfreuliches Bild. Zwei Frauen mit mehreren verlumpten oder nackten Kindern sitzen auf dem Bürgersteig. Die Kinder werden zu jedem an der Ampel stehenden Auto geschickt, um zu betteln. Ein Mann mit einem völlig ausgemergelten Körper liegt ein Stück weiter mit dem Rücken auf der Straße. Ob er tot ist, wissen wir nicht, aber möglich ist in Indien alles.
Von Kalkutta hört man, dass dort am frühen Morgen die Müllabfuhr die Toten, die nach Kalkutta oft zum Sterben pilgern, auf einer Schubkarre eingesammelt werden. Sie werden auf den Verbrennungsplätzen am Ufer des Ganges eingeäschert, wo die Asche dem Fluss anvertraut wird.

Dann gehen wir in den Palastbezirk, hier steht ein weißer Marmorpalast, der auch das Textilmuseum beherbergt. Der rote Mantel von Madho Singh I. mit einer Gürtelweite von 1,80 m ist hier mit vielen anderen mit Edelstein besetzten Festkleidern ausgestellt. Vor der privaten Audienzhalle stehen zwei Silberkrüge, die je mit 9.000 Liter Ganges Wasser gefüllt sind.

Abends im Evergreen gibt es auf einer heißen Pfanne brutzelndes leckeres Gemüse. Ein angenehmer Schmerz feurigen Chilis breitet sich in meinem Rachen aus. An der Bar unterhalten wir uns mit zwei Franzosen, als zwei Inder zu uns stoßen und uns ein Geschäft mit Edelsteinen anbieten wollen. Dankend lehnen wir ab.

Am nächsten Morgen gegen 9.00 Uhr brechen wir auf, um in das 11 km entfernte Fort Amber zu fahren. Unten im Ort sehe ich zum ersten Mal, wie sich hier in aller Öffentlichkeit ein Zahnarzt an einem jungen Mann zu schaffen macht. Dass wir stehen bleiben und zuschauen, stört hier niemanden. Ich habe diverses kleines Spielzeug mit auf die Reise genommen, so auch einige Luftballons. Da einige Kinder um uns herumstehen, pusten wir ein paar auf und lassen sie fliegen. Sofort, sind wir von einer weiteren Schar Kinder umgeben, und haben Mühe weiter zu kommen. Der Weg führt durch einen Garten zum Ticketschalter. Um hoch zum Fort zu gelangen, kann man entweder zu Fuß den steilen Berg hinauflaufen oder sich gemütlich von einem Elefanten hinauftragen lassen. Wir entscheiden uns für den Elefanten. Mit noch zwei Italienern machen wir es uns auf unserem buntbemalten Elefanten in der aufgeschnallten Holzkiste bequem. Unterwegs wurde der Elefant etwas unruhig und lässt einen kräftigen Pups von sich, so dass unsere Kiste ganz schön ins Wackeln kommt. Der Führer stößt den Elefanten mit einem spitzen Haken immer wieder hinter das Ohr, so dass dieser weiterläuft. Aber er muss wieder Winde ablassen. Uns war klar, der Elefant muss jetzt unbedingt sein großes Geschäft erledigen. Ich sage dem Führer, dass wir nichts dagegen haben und er lässt den Elefanten anhalten.

Ein Elefant produziert am Tag ca.75 kg Kot.

Der Großmogul Akbar der Große, besaß ein Elefantenheer von 3.000 Tieren. Mit ungefähr 150 kg Nahrungsmittelbedarf pro Tag gelten die Elefanten als Fressmaschinen und fressen, wenn es die Natur erlaubt, die Umwelt kahl. Sie sind schlechte Futterverwerter und scheiden die Hälfte des Futters wieder aus. Das macht im Monat ca.2, 25 Tonnen Dung und das bei 3.000 Elefanten. Aber das Land ist ja groß und der Dung wird schon irgendwie verteilt werden.

Aber zurück zur Festung Amber. Diese hat ihren Namen nach der Göttin Amber Mala- Mutter Erde. Oben vom Palast aus hat man an verschiedenen Stellen immer wieder tolle Ausblicke auf die vollkommene Harmonie der Umgebung. Wir gehen in den persischen Garten. Hier sollte einst Safran wachsen, dass der Maharadscha auf einer Reise in den Himalaya kennengelernt hatte. Safran weckt die Lebensfreude und sorgt für gute Laune. Das kostbarste an der Pflanze sind die Stempelfäden, die im getrockneten Zustand ein einzigartiges Aroma haben. Nicht weniger wert ist die färbende Wirkung.

Mango-und Orangenbäume säumen die Wasserkanäle und Fontänen.

Im „Palast der Freuden" verbrachten ungefähr 200 Haremsfrauen ihre Zeit. Im Spiegelpalast waren die Wände geschmückt mit kleinen Spiegelmosaiken. Alles glitzerte und flimmerte nur so. Leider sind schon so einige Spiegelchen verschwunden.

Die Residenz Amber ist auch heute noch ein Zeugnis der kunstvollen Architektur der Raiputen. Die strategische Lage wird besonders deutlich, wenn man von oben den Pass mit den flankierenden Mauern und den im Zick Zack angelegten Zugangsweg zum Haupttor überblickt. Am Fuße der Palastanlage erstreckt sich rund um das Fort die Passstraße, die in die Stadt Amber führt.

Beim Hinuntergehen wurde gerade an der vom letzten Monsunregen ausgewaschenen Straße gebaut. Nicht etwa mit großen Straßenbaufahrzeugen, nein, Frauen mit Schüsseln und Eimern auf dem Kopf tragend, voll mit Beton, Kies und Wasser bringen das Baumaterial hierher. Warum ist bei uns eigentlich der Kopf nur zum Denken da? Die Frauen schaufeln die schwere Erde als Unterboden Schippe für Schippe auf die neu zu errichtenden Straßenabschnitte. Ich frage eine Frau, ob ich ihr helfen kann. Kichernd stehen jetzt mehrere Frauen um mich herum und bestaunen, dass auch eine weiße Frau eine Schippe bedienen kann.

Der Himmel färbt sich maisgelb, als wir zum Abendessen schreiten.


Und wieder um 9.00 Uhr am nächsten Morgen geht unsere Reise weiter, nach Pushkar.

**Pushkar-** Der heilige Wallfahrtsplatz der Hindus, hat sich aufgrund seiner wohltuenden Ruhe zum beliebten Treffpunkt der Rucksacktouristen auf der Standardroute zwischen Kathmandu und Goa entwickelt.

Seine Bedeutung für die Inder erlangte der Ort nach einer alten Erzählung. Danach sollte der Gott Brahma nach langem Suchen hier den geeigneten Platz für seinen Opferkult gefunden haben. Als eine Blüte des Pushkara (blauer Lotos) aus seiner Hand fiel und eine Quelle zu sprudeln begann. Der von Badetreppen, auch Ghats genannt umgebene See wird von den Indern zu ihren heiligen Waschungen genutzt. Aus unserem 10 m² großen Zimmerchen haben wir einen direkten Ausblick auf einen der großen Ghats. Da es verboten ist, die heiligen Waschungen zu fotografieren, können wir sie jedoch von hier gut beobachten.

Es ist eine kalte Nacht, und ich ziehe mir alle etwas dickeren Sachen übereinander, die ich in meinem Rucksack finden kann. Die Decken, mit denen wir uns zudecken sollen, besitzen keinen Bettbezug. Wie viele Lebewesen bereits unter dieser Decke geschlafen, bzw. in dieser Decke leben, ist schwer zu sagen. Ich denke jedoch, sie wird höchstens einmal im Jahr einer heiligen Waschung ausgesetzt. Unbedingt  wichtig ist es für einen Traveller, einen dünnen Leinenschlafsack im Gepäck zu haben.

Gegen 4.00 Uhr morgens beginnen lautstark die Gesänge der Gläubigen  über den See zu schallen. Unsere Nacht hat somit ein kurzes Ende gefunden. Interessiert schauen wir jedoch jetzt am frühen Morgen, wenn die meisten Inder sich den heiligen Waschungen unterziehen, aus dem Fenster.

Im Sun-Moon Garden frühstücken wir ausgiebig mit Porridge und Honig, Spiegeleiern, Toast und einem Obstteller. Wir unternehmen dann einen kleinen Bummel durch und außerhalb von Pushkar. Ich kaufe mir drei wunderschöne Silberringe, die ich von dem Tag an fast täglich trage, bis ich leider 2007, zwei davon verloren habe. Rainer und ich haben am 8.8.88 ohne Eheringe geheiratet, weil ich einen Ring am Finger nicht ertragen konnte oder weil es zu dieser Zeit nur fürchterliche Goldringe gab. Aber, das hatte sich nun von diesem Tag an, geändert. Eine alte Frau, die sehr einfache Silberringe verkaufte, meinte ich soll mir einen Ring auf den Zeh stecken. Am Zeh einen Ring, das war ja damals für mich noch ungewöhnlicher als am Finger. Ich kaufe ihr dann doch einen ab und trage diesen Ring noch heute auf dem Zeh.

Gegenüber dem Tempel Kali dröhnt auf einmal die Stimme von Jim Morrison (The Doors). Was macht diese Musik an diesem Ort? Für Jim war Musik Magie und ein Konzert eine heilige Handlung, und seine psychedelischen Texte passen vielleicht doch ganz gut in das heilige Pushkar.

Unser Spaziergang führt uns weiter auf den Tempelberg außerhalb der Stadt hinauf. Von hier kann man den weißen Ort, eingebettet von einigen Hügeln und die umgebene trockene Landschaft gut sehen. Wir setzen uns von der drückenden Hitze erschöpft in den „Schatten" eines vertrockneten Strauches. Zwei Mädchen mit einem großen Holzbündel auf dem Kopf kommen von der anderen Seite des Hügels herauf. Sie gehen lächelnd an uns vorüber. Zwei andere Frauen, die des Weges kommen, begutachten neugierig meine enge Röhrenjeans, die bei uns gerade sehr modisch sind, und meinen Gürtel mit den Silbernieten. Sie machen sich wohl tuschelnd lustig über meinen Aufzug. Ich glaube, ich habe ihnen nicht besonders gefallen in dieser unbequemen Kleidung.

Nach einer ausgiebigen Kaffeepause im Ort umrunden wir gegen Abend den gesamten See. Die weißen Häuser und die sich darin spiegelnden bunten Lichter der Restaurants, der Schein der untergehenden Sonne und die Ruhe geben einem ein Gefühl des unendlichen Friedens.

23

Der Pushkar Markt, der jedes Jahr im November statt-findet, ist wohl der größte Kamelmarkt der Welt.
Der Markt zieht Tausende von Menschen aus der Umgebung an. Es wird mit Kamelen gehandelt, es finden Kamelrennen statt, und ein riesiger Markt lädt zum Kaufen von diversem Zubehör und leckeren Naschereien ein. Geschlafen wird unter freiem Himmel, oder wer es sich leisten kann, mietet sich in der riesig aufgebauten Zeltstadt ein Bett. Drei Tage vor Vollmond kommen die Frauen in ihren exotischen Gewändern hinzu. Sie baden im See, natürlich nicht im Bikini, beten und nehmen auch am Marktrubel regen Anteil.

Heute müssen wir bereits um 4.00 Uhr morgens aufstehen, da unser Jeep um 5.30 Uhr vom Busbahnhof nach Ajmer (160 km), von wo aus unsere Reise weiter nach Jaislmer startet.
Zum Busbahnhof müssen wir durch die dunklen verlassenen Gassen von Pushkar gehen. Das heißt so verlassen sind sie nicht. Da gibt es ja noch diese Nagetiere, die sich des Nachts auf den Weg machen und genüsslich alles Essbare, was zu finden ist verzehren. Diese hier waren aber ungelogen so groß wie kleine Dackel. Gedämpft pfeifen sie miteinander, als würden sie sich unterhalten und jede von seinem erbeuteten Braten berichten.

Pro Einwohner rechnet man in Indien zwei Ratten.
Das macht bei einer Bevölkerung von rund eine Milliarde Menschen gleich zwei Milliarden Ratten. In Deshnok, auch einer Stadt in Rajasthan, gibt es einen Rattentempel. Dort werden etwa 20.000 dieser Tierchen mit Speisen und

Wasser auf silbernen Schalen gefüttert. Läuft einem eine Ratte im Tempel über die Füße, bringt dies Glück.

Von Ajmer geht es dann, in einem etwas klapprigen Bus 300 km weiter nach Jaislmer.
Jaislmer liegt in der Wüste Tharr und bildet die Grenze zwischen Rajasthan und Pakistan.
Da wir ja eigentlich bei solch einer Hitze mindestens drei Liter Wasser trinken sollen, was ich ja schon sehr reduziert habe, lässt es sich jedoch nicht vermeiden, auf dieser langen Bustour mal austreten zu müssen. Bei einem Stopp schleiche ich mich, was natürlich fast unmöglich ist, als einzige weiße Frau weit und breit, hinter ein Haus und entledige mich meines Wassers. Erleichtert geht die Fahrt über die unbefestigte staubige Straße weiter.
Kurz vor 20.00 Uhr erblicken wir am Horizont in der Stille der Sanddünen die Festung Jaislmer.

**Jaislmer-** knapp 80.000 Menschen leben in der Stadt, die durch 300 km Dünen und Geröll vom nächstgelegenen größeren Ort Jodphur getrennt ist. Wegen ihrer Bauten aus gelbbraunem Sandstein wird sie oft auch die „Goldene Stadt" genannt.
Die Wüstenstadt wurde 1156 von König Jaisl auf einem 80 m hohen Berg gegründet. Hätte sie im Krieg mit Pakistan nicht eine solche wichtige strategische Bedeutung gehabt, wäre sie bis heute wahrscheinlich unter den Wanderdünen versunken. Eine fünf Kilometer lange und mit drei Mauern umgebene Stadtmauer mit Türmen und 99 Bastionen umgibt die Festung. Die Stadt ist ein lebendiges Museum. Wir finden Unterkunft im Fort View, mit einem Roof Top Restaurant und direktem Anblick auf die Festung. In der Festung wohnt ein Viertel der Bevölkerung von Jaislmer.

Wir nehmen noch eine Kleinigkeit zu uns und gehen dann ins Bett.

Nach dem Frühstück machen wir einen Rundgang um die Festung, wo sich in einem Teil der Stadt die Slums angesiedelt haben. In einer Schule unter freiem Himmel schauen wir ein wenig dem Unterricht zu. Weiter gehend sehen wir, wie ein paar Frauen Kuhdung zusammensammeln, sie anschließend zu Fladen breit klopfen, und diese dann an ihrer Hauswand zum Trocknen befestigen. Wenn die Fladen trocken sind, werden sie als Brenn-oder Baumaterial genutzt.

Beim Bummel durch die Festung, die ein Gewirr aus engen lehmfarbenen Gassen mit zusammengedrängten Wohnbauten ist, hinterlässt dies ein Bild aus mittelalterlichen Tagen. Die wundervoll verzierten Wohnbauten nennen sich Havelis, und sind Kaufmannshäuser. Sie zeigen den einstigen Reichtum der Handelsstadt. Durch Jaislmer verlief damals die Karawanenroute von Afghanistan und dem Indischen Ozean. Der Jain Tempel, welcher eines der ältesten Hindu Bauten in Jaislmer ist, wurde gleich nach der Stadtgründung am höchsten Punkt der Festung errichtet. Er besitzt wundervolle Reliefs und Skulpturen, die unter anderem mythologische Szenen von Göttern und Tänzerinnen darstellen. Auf dem Weg zum Hostel begegnen wir einem Sadhu, die hinduistische Variante eines Mönches. Nach der Entscheidung eines Menschen, als Sadhu zu leben, begibt er sich in ein Reich ohne Grenzen, in ein Reich universalen Bewusstseins. Die Ausgeglichenheit und die Selbstbeherrschung erwecken bei ihren Mitmenschen tiefe Verehrung. Sie verwehren sich dem Alkohol, dem Wohlstand und den Frauen. Es sind heilige Bettler. Für jeden Inder, der etwas entbehren kann, ist es eine Ehre, dem Sadhu etwas abzugeben.

Zum Abend gehen wir an den Sunset Point draußen in der Wüste. Hier stehen überall Ruinen alter Grabstätten der einstigen Herrscher. Am Sunset Point kann man herrlich die rotglühende Sonne am Horizont untergehen sehen. Die Wüste verwandelt sich dabei in ein Meer aus rotem Sand. Ein Meer war es ja auch einst. Ein kleiner Junge schenkt uns ein paar winzig kleine Muscheln, die er hier gefunden hat. Es gesellt sich noch ein blinder Junge mit einer Harfe zu uns. Wir singen alle zusammen „ Bruder Jakob" (Frere Jaques).

Nachdem die Sonne endgültig die Wüste verlassen hat, laden uns die Kinder zum Essen zu sich nach Hause ein. Leider müssen wir das aufgrund der zu erwartenden hygienischen Bedingungen ablehnen. Mit Händen und Füßen machen wir ihnen verständlich, dass wir bereits gegessen haben.

Ein Meer aus Sandkörnern liegt hinter uns. Sanft pustet der Wind meine Träume über die glitzernde Wüste.

Am Morgen um 8.00 Uhr brechen wir zu einer Kamelsafari durch die Einöde der Wüste Thar auf, deren Monotonie jedoch herrliche Blicke auf eine Jahrhundert alte Wüstenkultur unterbricht. Rainer reitet auf Kasula, ich auf Mandra. Mein Kamel hört nicht so recht auf meine Zügel. Es will immer in die falsche Richtung, Richtung Pakistan. Wahrscheinlich war es einst auch eines dieser Schmuggeltiere. Zu damaliger Zeit wurden Kamele vollgepackt mit Schmuggelware und alleine durch die Wüste an ihr Ziel geschickt. Sie kannten den Weg. Sollten sie jedoch einmal aufgegriffen werden, wusste zumindest niemand, von wem die Ware wirklich stammte. Wieder vorbei an den vielen alten Grabstätten mit den offenen Pavillons machen wir mittags eine lange Pause, wo sich mehrere Karawanen niederlassen. Ein räudiger kläffender Hund begleitet uns den ganzen Weg.

Mit dem Schlafwagen fahren wir noch am selben Abend von Jaislmer nach Jodpuhr. Viele Traveller sind in dem Zug unterwegs. Es ist eine unterhaltsame Nacht, bei der unser Schlaf allerdings mal wieder zu kurz kommt.

Um 9.00 Uhr am Morgen kommen wir in Jodpuhr an. Eine Stunde später geht es dann auch gleich weiter, die 400 km nach Udaipur.

Es ist eine interessante Zugfahrt mit herrlichen Ausblicken in tiefe Schluchten, verlassene Dörfer, und palmenbedeckte Berghügel. Ich blicke aus dem Fenster, und entlasse meine Gedanken in die Freiheit. In den Araveli Bergen macht der Zug halt. Durch die mit Querstreben, aber ohne Scheiben vergitterten Fenster überfallen uns die gefräßigen Affen. Mit ihren langen Armen greifen sie durch die Streben nach Rainers Fotokamera. Nach einem kurzen Kampf mit dem böse dreinblickenden Pavian bekommt Rainer seine Kamera jedoch zurück.

In Erinnerung an meine letzte Mahlzeit am Straßenimbiss von Jaislmer, begleitet mich auf der Zugfahrt ein kleiner Darmparasit, der in indischen Zügen noch unangebrachter ist als sonst. Abends um 23.00 Uhr kommen wir auf dem für indische Verhältnisse menschenleeren Bahnhof von Udaipur an. Es kommt jedoch noch ein Rikscha Fahrer vorbei, der uns ohne Zwischenstopps in genau das von uns ausgesuchte Hotel fährt. Das Haveli Hotel an der Lake Palace Road. Mal wieder völlig ausgelaugt von der 26 Stunden langen Reise schlafen wir sofort ein.

**Udaipur -** auch in dieser Stadt wird man schnell von Nostalgie befallen. Es verschmelzen Vergangenheit und Gegenwart so leicht miteinander, dass auch hier wieder die längst vergangene Zeit der Maharadjas auf jeden Schritt zu spüren ist. Udaipur liegt im Süden von Rajasthan und ist von prächtigen Bergen umgeben. Gründer der Stadt war im Jahre 1567 Maharana Udai Singh, nach dem die Stadt auch benannt wurde.

74 Generationen einer rajasthanischen Dynastie haben hier lange Zeit geherrscht. Udaipur ist eine Mischung aus Marmorpalästen, Gärten, Tempeln, weiß getünchten Fassaden der Gebäude und dem Lake Pichola. Auf diesem unternehmen wir gleich am nächsten Morgen eine Bootstour. Am Einstieg zu unserem Boot putzen sich die Inder genüsslich mit dem Seewasser ihre Zähne. Nebenan wäscht eine Frau ihre Wäsche und Kinder planschen fröhlich im Wasser. Der Lake Palace wurde im 17. Jahrhundert auf einer natürlichen Felsplatte im See erbaut. Der Palast dient in der heutigen Zeit oft als Filmkulisse, so z.B. zu den Filmen „Der Tiger von Eschnapur", „Octopussy" und „Juwel der Krone".

Im Luxushotel „Shiv Nivas" sitzen wir wie einst die Herrscher mit Blick auf den See und genießen eine Tasse Tee bis die Sonne untergeht. Nach dem Sonnenuntergang gehen wir essen. Hier treffen wir auf Franz und Steffi aus München. Steffi ist gehbehindert und die beiden sind mit dem Auto von Deutschland über Iran und Pakistan nach Indien gekommen. Sie haben eine Menge zu erzählen, und so wird es auch an diesem Abend wieder sehr spät.

Heute besuchen wir den Stadtpalast, er ist der größte in ganz Rajasthan. Ein Bauwerk aus Granit und Marmor. Der ganze Glanz des Orients kommt hier zum Vorschein. Die gezackten Rundbögen sind mit farbigem Spiegelglas ausgestattet. Es gibt eine Porzellansammlung, den Rubin Palast, den Perlenpalast, den Mondpalast. Der Garten ist mit offenen und geschlossenen Pavillons umgeben. Danach schlendern wir durch den Zoo. Heute am Samstag gehen auch viele indische Familien hier spazieren. Ständig müssen wir als Fotomodell neben den Familien stehen. Rainer mit seinem langen, gewellten Haar und ich als Frau in meinen Jeans und zu dieser Zeit sehr kurz getragenem Haar, sind wir für die Inder schon ein recht außergewöhnliches Erscheinungsbild von einem Pärchen. Ich glaube, jede der indischen Familien, die eine Kamera besitzt, hat zu Hause eine ganze Sammlung von „Ich und der Westler". Abends um 21.30 Uhr brechen wir mit dem Bus in das 250 km entfernte Ahmedabad auf. Grüne, gelbe und rote Lichter kommen uns wie Ungeheuer aus der Dunkelheit entgegen. In gefühlten Millimeter Abständen sausen diese mit einer rasenden Geschwindigkeit an uns vorbei. Beide Fahrer haben Nerven wie Stahlseile und keiner weicht dem anderen auch nur ein kleines Stück aus. Die Bremsen könnten in den Fahrzeugen Indiens auch eingespart werden, da sie sowieso keiner benutzt oder sie meist nicht funktionieren. Von Fahrtenschreibern und Geschwindigkeitskontrollen hat noch nie jemand etwas gehört. Die Sikhs haben den größten Teil des Transportwesens in Indien in festen Händen. Ihre Laster sind eine Augenweide. Am Cockpit hängen bunte Girlanden, Lichter und die vielen Götter, die ihnen bei ihren halsbrecherischen Fahrten zur Seite stehen sollen. Von außen sind ihre holzverschalten LKWs mit idyllischen Landschaften, Bergseen, Krishnas und anderen Motiven bunt bemalt. Plötzlich stehen drei Busse nebeneinander. Nichts rührt sich mehr. Unter lautstarkem Gebrüll löst sich der Stauhaufen erst nach einer Stunde endlich auf.

Die Fahrt für die 250 km dauert 7 1/2 Stunden.

So kommen wir frühmorgens um 5.00 Uhr in der sehr verdreckten Stadt Ahmedabad an. Überall steht Militär, da offensichtlich auch hier die Gewaltwelle der Hindus und Moslems eingerollt ist. Beim Aussteigen aus dem Bus fragen wir uns, was wir eigentlich in dieser Stadt wollen. Keiner von uns beiden hat eine Antwort. Voller Entsetzen stellen wir fest, dass wir den Ort mit Aurangabad verwechselt haben. Da wir in diesem Ort nicht einen Moment verweilen wollen, machen wir uns auf den Weg zum Flughafen. In der Hoffnung, man könnte hier ganz schnell wegfliegen. Wir nehmen uns eine Rikscha und wollen zum Flughafen fahren, der angeblich nur sechs Kilometer vom Zentrum entfernt sein soll. Doch wir erhaschen mal wieder einen von den Fahrern, die keine Ahnung haben, wohin du eigentlich willst oder dir sagen, dass der Weg vielleicht zu weit ist, um mit der Rikscha dorthin zu fahren. Aber weil er sich die Fahrt nicht entgehen lassen will, behauptet er, dass er es ganz genau weiß. Das Ende vom Lied ist, dass er alle paar Meter anhält, um nach dem Weg zu fragen. Die Fahrt dauert dann so fast zwei Stunden. Ich bin völlig entnervt. Beim Betreten des Flughafengebäudes ist dieser menschenleer. An einem Schalter steht aber doch ein Angestellter. Freundlich verkaufte er uns ein Ticket für den Abendflug nach Bombay. Unsere Rucksäcke können wir schon aufgeben. So verbringen wir den ganzen Tag auf dem Flughafengelände, legen uns unter einen Hibiskus Busch und schlafen ein. Ab und zu denke ich darüber nach, was für ein klappriges Flugzeug uns wohl von dieser schrecklichen Stadt wegbringen wird. Gegen 19.00 Uhr füllt sich die Flughalle mit vielen Reisenden. Um 20.00

Uhr startet unsere Maschine. Es ist eines der neuesten Modelle, die gerade auf dem Markt sind. Im Flugzeug werden wir von vielen netten Stewardessen reichlich mit Essen und Trinken versorgt. Der Flug dauert eine Stunde. Um 21.00 Uhr in Bombay angekommen, kaufen wir uns gleich ein Flugticket für den kommenden Tag nach Goa. Wir fahren mit einem Taxi in ein nahe gelegenes Hotel, um am nächsten Tag um 15.00 Uhr weiter zu fliegen.

Wir schlafen durch, bis uns der Hotelbursche um 11.00 Uhr weckt. Dann fahren wir mit einem Scooter durch die schrecklichen Slums von Bombay zum Flughafen. Um 16.30 Uhr landen wir und fahren gleich mit dem Taxi zum Benaulim Beach. Endlich fängt die Erholung an.

**Goa-** ein kleiner Bundesstaat an der Küste des Arabischen Meeres. Im Dezember 1961 wurde mit dem Einmarsch indischer Truppen die 451-jährige Kolonialherrschaft der Portugiesen beendet. 70% Hindus und ein großer Anteil Christen (Katholiken) leben hier. Goa macht im Verhältnis zum übrigen Indien einen sehr wohlhabenden Eindruck. Über 70% der Bevölkerung kann lesen und schreiben. Die ersten Hippies kamen in den sechziger Jahren nach Goa, die ersten deutschen Pauschalurlauber folgten in den Achtzigern. Die Strände von Benaulim liegen 40 km südlich von der Hauptstadt Goas und zählen damit zu Süd - Goa. Der eigentliche Name „Banali" (was so viel heißt wie: da wo der Pfeil landete) wurde von den Portugiesen verfälscht. **Benaulim** ist noch nicht lange vom Tourismus erschlossen, und so hat der ausgesprochen breite Strand mit seinen ansässigen Fischern und Reisbauern im Hinterland doch seinen eigenen Charme behalten. Zwar haben sich einige Resorts angesiedelt, aber die Gäste dieser Anlagen bleiben zum größten Teil in ihrer

Gefangenschaft. Der Strand ist ideal zum Baden, man kann aufgrund des harten und festen Sandes sogar dort Fahrradfahren. Wir beziehen einen Bungalow 50 m vom Strand entfernt. Abends zum Sonnenuntergang stürzen wir uns gleich in die Fluten des Meeres. Das Zirpen der Zikaden durchbricht die Stille der hereinbrechenden Nacht.

Mittwochs steht am Anjuna-Beach im Norden von Goa der Flea Market an, auch „Hippie Market" genannt. Da heute Mittwoch ist, fahren wir mit dem Bus dorthin. Curry, Zimt und Kardamom duften aus geöffneten Säcken. Frauen und Männer aus ärmeren nördlichen Regionen, wie Kaschmir und Rajasthan haben auf bunten Tüchern im Sand, und auf dem Rasen Kleidung und Kunsthandwerk ihrer Heimat ausgebreitet. Durch die vielen Aussteiger und schrillen Gestalten fühlt man sich hier in die Flower Power Zeit der 60er- Jahre zurückversetzt. Ein Alt - Hippie  mit langen, grauen Haaren verkauft Sandalen, weite bunte Hosen und Blusen. An einem Stand stehen die Touristen besonders an. Wir gehen gleich hin und sehen nach. Es gibt dunkles Brot mit Kräuterquark. Nach den drei Wochen Reis und Toast, haben wir großen Appetit auf diese Abwechslung. Hier in Anjuna ist die Küste von eindrucksvollen Klippen gesäumt auf denen wir entlang wandern bis unser Bus zurückfährt.

Da uns unser Bungalow doch etwas teuer ist, ziehen wir heute Morgen ins „Palm Crove Cottage", eine paradiesisch grüne parkähnliche Anlage. Hier frühstücken wir mitten im Dschungel mit Brötchen, Honig und heißer Schokolade. Ich lege mich dann bis Mittag an den Strand.

Die vielen Kleinen aus Palmenblättern bestehenden Restaurants und Bars laden uns zum Essen und Trinken ein. Es gibt täglich frischen Fisch. „Baracuda with garlic" ist besonders lecker. Wir lernen ein paar Australier kennen und verabreden uns für den Abend. Nachdem wir abends eine Weile gesessen und erzählt haben, meinen sie, wir sollen doch mit in ihren Bungalow kommen. Nichts ahnend gehen wir mit. Mehrere Leute aus aller Herren Länder sitzen im Kreis. Die Fensterläden und Türen sind alle dicht verschlossen. Eine riesige Pfeife wird herumgereicht. Uns war nun klar, zu welcher Party wir eingeladen worden sind. Aber um nicht allzu abgehoben dazusitzen, tun wir so, als würden wir auch einen tiefen Zug nehmen. Hintereinander kippt einer nach dem anderen ab. Für uns ist es wohl Zeit, das Weite zu suchen. Zwei Kokosnüsse versperren uns den Weg aus dem Bungalow. Mit gemieteten Fahrrädern radeln wir durch die tiefgrünen Reisfelder, lieblichen Palmenhaine und Cashewnuss Plantagen in Richtung Colva. Am Abend geht es mit dem Bus zur Fullmoon Party an den Vagator Beach. Bereits im Bus werden irgendwelche Pillen verteilt. Wir nehmen keine und dementsprechend langweilig ist für uns die Party. Mit dem nächstmöglichen Bus fahren wir wieder zurück.

Am Morgen brechen wir auf nach Margao, der Distrikthauptstadt von Goa. Am Bahnhof befindet sich eingezäunt ein Recyclinghof. Hier sortieren Kinder und Frauen Papier, Flaschen und Plastik. Aber man sieht auch, dass die Familien aus dem Müll ihre Hütten gebaut haben und gleichzeitig hier wohnen. Mit dem Zug fahren wir dann noch zwei Stunden weiter zu den Dudhsagar Wasserfällen. Die Wasserfälle selbst sind ganz schön, allerdings nicht so spektakulär, wie erhofft. Am Fuße des Wasserfalls gibt es ein natürliches Bassin, in dem man herrlich baden, und sich erfrischen kann. Auf halber Höhe des Wasserfalls passiert die indische Eisenbahn den Wasserfall. Sicher ein grandioser Ausblick vom Zug aus. Abends sitzen wir wieder an unserem Strand im „Splash" und trinken Honey Rum. Die Palmen mit ihren ausladenden Wedeln, sehen im Farbspiel des Sonnen-untergangs aus, wie Schattenbilder.

*„Der Inder setzt seine Glückseligkeit in leidenschaftslose Ruhe, in einen unzerstörbaren Genuss der Heiterkeit und Freude, er atmet Wollust, er schwimmt in einem Meer süßer Träume und erquickender Gerüche".*

Gottfried Herder

Nach dem Frühstück bei „Dominick", bei dem wir heute einen Bootstrip gebucht haben, fahren wir mit einem Fischkutter drei Stunden zum südlich gelegenen „Palolem Beach". Delphine und Schwärme von Silberfischen springen in der Nähe des Bootes umher. Vor dem Beach müssen wir in ein kleines Holzboot umsteigen. Hier unten im Süden ist es noch ursprünglicher und kaum touristisch. Es eröffnet sich ein halbkreisförmiger Strand mit einem dichten Wald aus Kokospalmen. Ich habe das Gefühl an einer Südseeinsel zu stranden. Nachdem alle an Land angekommen sind, gibt es Lunch, Reis und Gemüse. Wir laufen dann an dem flach auslaufenden Strand entlang. Durch eine Lagune in einer Flussmündung fließt kristallblaues Wasser. Es ist fast wie bei Adam und Eva. Mit dem Bus treten wir den Heimweg an. Am Abend trinken wir mit einigen Berlinern Wein in der „Lamour Beach".
Mit dem Rad fahren wir heute noch einmal nach Colva. Wir kaufen ein paar Bücher und telefonieren mit unseren Kindern. Am Nachmittag sitzen wir am Strand, essen

Melone und Weintrauben. Am Strand tippeln Inderinnen in ihren farbenprächtigen Saris an uns vorbei. Ihre bunten Armreifen klirren im Wind. Mit Thomas und Gisela aus Kreuzberg sitzen wir am Abend bei Stromausfall im „Black Night" und debattieren über Gott und die Welt.

Heute ist unser letzter Tag in Goa angebrochen. Wir mieten uns einen Honda Roller und fahren immer am Strand entlang. Plötzlich fängt es fürchterlich an zu stinken. Auf einem riesigen Feld liegen auf Matten ausgebreitet Fische zum Trocknen. Daneben noch ein hoch aufgetürmter Berg an Trockenfisch. Unterwegs machen wir in einem kleinen Restaurant am Strand Pause. Auf dem Rückweg müssen wir uns beeilen, da die Flut kommt und wir dann nicht mehr am Strand entlangfahren können. Den Rest des Tages wird gefaulenzt. Ein Inder setzt sich zu mir an den Strand. Er erzählt mir, dass die Hotels nur hinter den Dünen gebaut werden dürfen und auch nur so hoch wie die Dünen sind.

Wir sitzen noch einmal mit vielen Leuten in der Bar und haben wirklich gar keine Lust morgen abzureisen.


Zum Abschied springen am Morgen beim Frühstück noch einmal ein paar Delfine an uns vorbei. Um 12.00 Uhr fährt unser Taxi zum Flughafen.14.45 Abflug nach **Bombay**. Hier lassen wir uns gleich zum „Gateway of India" fahren. Mumbais berühmtestes Wahrzeichen Indiens ist ihr eigener, honigfarbener „Arc de Triomphe", der zur Erinnerung an den Besuch von König Georg V errichtet wurde. Da wir keine Lust haben, in dieser chaotischen Stadt nach einer Unterkunft für eine Nacht zu suchen, nehmen wir das erste Hotel, das auf dem Weg liegt.

Das Zimmer hat kein Fenster und besteht nur aus Bretterverschlägen. Die Bettdecken wurden hier wahrscheinlich noch seltener als in Pushkar gewaschen. An den Wänden stehen hunderte Sprüche. Im Bad befindet sich eine verrostete Tonne mit Schöpfer als Waschgelegenheit und im Fußboden ist als Ablauf ein offenes Loch. Rainer meint, ich soll bloß nicht auf die Toilette gehen. Das vermeide ich dann auch.

Morgens stürze ich dann ins nahe gelegene „Maharadscha Hotel", um dort auf die Toilette zu gehen. Beim Frühstück treffen wir Leute aus Goa und essen gemeinsam. Dann statten wir dem „Prince of Wales" Museum einen Besuch ab. Danach fahren wir mit der Fähre zur Insel Elephanta. Die Ajanta-Höhlen sind rein buddhistischen Ursprungs. 24 Klöster und fünf Tempel wurden während eines Zeitraums von 800 Jahren, nämlich vom 2.Jh. v. Chr. bis in das 7.Jh. n. Chr., aus dem anstehenden Fels gehauen.
Wir schlendern dann etwas durch die Stadt, erledigen noch einige Besorgungen, und um 1.45 Uhr fliegen wir nach Hause. Man wusste wahrscheinlich an Bord, in was für einer schrecklichen Behausung wir die Nacht zuvor geschlafen haben. Unverhofft dürfen wir in der Club Class Platz nehmen. Eine Treppe führt hinauf in die 2. Etage über dem Piloten. In einem Raum mit knapp 20 Leuten und sehr bequemen Liegesesseln, verbringen wir einen sehr schönen Flug.

*„Wenn du zwei Stücken Brot hast,*
*gib eines davon den Armen,*
*verkaufe das andere und kaufe Hyazinthen*
*als Nahrung für deine Seele."*     Sprichwort aus Indien

Für unsere erste Reise war diese Tour natürlich ein gewagtes Abenteuer. Märchen und Gräuelmärchen wechselten täglich die Seiten. So auch die Geruchswolken vom Rosenwasser, Sandelholz und der Duft der Gewürze im Gegenduft zu Kuhdung, Kloake und Abgasen. Reizvolle Kontraste von erhabenen Tempeln und goldverzierten Palästen zum modernen Leben in der Großstadt oder den unendlichen Slums. Alles ist so entsetzlich und gleichzeitig faszinierend, sodass man oft die „kleinen Unzulänglichkeiten" schnell vergisst. Indien ist anstrengend und stärkend zugleich. Ich bin der Seele des Landes verfallen.

*Neu Dehli 1993*

*Palast der Winde*

*Taj Mahal*

*Pushkar*

*GOA*

39

# Südindien - Ein Land was gegensätzlicher nicht sein könnte

Nach elf Jahren packt uns mal wieder die Lust, nach Indien zu reisen. Da Indien so groß ist wie Europa und dementsprechend verschiedene Landschaften, Flora und Fauna besitzt, ist es so, als wenn wir in ein für uns unbekanntes asiatisches Land reisen.

Der Süden des Landes ist etwas fortschrittlicher als der Norden. Hier herrscht eine sozialistische Regierung. Die Kinder haben Schulpflicht und die Armut ist weniger groß als in den anderen Teilen des Landes.

Wir fliegen nach Chennai, gelegen am Indischen Ozean, fahren aber gleich weiter zu den Tempelanlagen und den Marmorsteinmetzen von Mamallapuam, dann weiter nach Pondicherry, dem einzigen französischen Teil Indiens. Wir besuchen einen Ashram und das spirituelle Zentrum der Pilger „Auroville". Weiter geht es ganz nach unten in den Süden, an den Strand von Varkala. Dann reisen wir auf den Backwaters entlang, von Kollam nach Kottayam. Von dort machen wir schließlich einen Abstecher in den Periyar Nationalpark mit noch ca.50 im Park lebenden Tigern. Wir fahren mit der Nilgiri Blue Mountain Railway in die kühleren Höhen, in denen auch der Tee wächst, nach Ooty. Den Schluss unserer Reise verbringen wir in Kochi, der lebhaften Hafenstadt am arabischen Meer, die mit ihren Märkten, alten Kulturen und den chinesischen Fischernetzen zum Verweilen einlädt.

Mit der Air India fliegen wir über Paris nach Bombay und dann weiter nach Chennai, an die indische Ostküste. Von dort nehmen wir uns gleich ein Taxi nach Mamallapuam.
**Mamallapuam** war groß und ist groß, obwohl es nur ein kleiner Ort ist. Im 7.und 8. Jahrhundert war es einer der bedeutendsten Häfen an der indischen Ostküste. Münzfunde beweisen, dass bereits im 1.Jahhundert Handel mit dem römischen Reich betrieben wurde. Die Tempel, Kulturhöhlen und Flachreliefs wurden zum Weltkulturerbe erklärt.

Es ist früh am Morgen. Im Greenwood Hostel sind noch alle Zimmer belegt. Nach dem „check out" werden aber einige Zimmer frei. Wir stellen unsere Sachen ab und schlendern durch den Ort und am Strand entlang. Die Fischer, die gerade am Ufer mit ihren bunten Booten vom nächtlichen Fischfang eingetroffen sind, packen ihre Netze zusammen.
Um 14.00 Uhr können wir unser Zimmer beziehen und legen uns erst mal für zwei Stunden ins Bett. Anschließend gehen wir an den Strand in ein Restaurant und nehmen unsere erste südindische Mahlzeit ein. Die südindische Küche lebt von der unüberschaubaren Vielfalt an Gewürzen und entsprechend scharfen Currys. Nach einem kurzen Verdauungsspaziergang lassen wir uns in einer einfachen Hütte eine halbe Stunde den Rücken mit einer Ölmassage verwöhnen. Um heute möglichst viel von den alten Monumenten der Stadt zu sehen, mieten wir eine Rikscha und besuchen alle wichtigen Sehenswürdigkeiten. Wir fangen an bei den „Five Rathas", das sind große Monolith Skulpturen, die von den Steinmetzen aus den Granitfelsen herausgehauen wurden. Sie zählen zu den ältesten Steintempeln Südindiens. Vom anschließenden

Besuch auf dem „Lighthouse" haben wir einen schönen Blick über die von Granitfelsen und Reisterrassen geprägte Ebene.

Das berühmte Felsenrelief von Mamallapuam fasziniert durch seinen einzigartigen Reichtum an Szenen. Götter, himmlische Dämonen, Schlangen, Menschen und zwergenhafte dickbäuchige Wesen erzählen die Geschichte der „Herabkunft des himmlischen Stroms Ganga". Weiter geht es zu Krishnas Butterball. Eine riesige auf einem Felsrücken liegende Felskugel, die den Eindruck erweckt, jeden Moment den Abhang herunter zu rollen.

Der älteste aller Steintempel, gebaut im 8.Jahrhundert ist der „Shore Tempel", der auf einem Felsvorsprung in die Bucht von Bengalen ragt. Jetzt am späten Nachmittag leuchten die alten Gemäuer aus Granit im Schein der hinter den Tempeln untergehenden Sonne. Der erstmalig gebaute Tempelturm diente den Seefahrern zur damaligen Zeit wahrscheinlich als Navigationshilfe. Unglaublich, wie viel Geschichte dieses Heiligtum schon erlebt haben muss. Danach setzen wir uns nach oben in das Restaurant unseres Greenwood Hostels.

Unten steht ein Mann mit einem Wagen voller Wäsche. Er versucht, Holzkohle zum Glühen zu bringen. Anschließend schiebt er diese in das Unterteil eines Bügeleisens. Dann fängt er an, die Wäsche damit zu glätten. So alt wie die Geschichte des Ortes sind auch die technischen Geräte. Frauen versuchen, in der Küche des Restaurants, frischen Fisch zu verkaufen. Schulkinder gehen nach Hause. Sie lachen uns zu und ich puste ein paar Luftballons auf und versuche sie, ihnen zuzuwerfen. Der Steinmetz gegenüber schnitzt wahrscheinlich seinen tausendsten Elefanten. Traveller aller Länder laufen die

Straße auf und ab. Wir essen ein Fischcurry, gehen noch zum Nepali und trinken Yogi Tee.

Das Frühstück nehmen wir ebenfalls bei dem Nepali ein. Er betreibt auch eine deutsche Bäckerei und es gibt leckere Croissants mit Honig und Apfelstrudel.
Beim Essen sehen wir gegenüber einen Betonrohbau und schauen anschließend dort hinein.    Es ist ein Kinderheim, bei dem aber die Fenster und sonstiges Inventar fehlen. Rainer fragt, ob wir mal auf einen Besuch vorbeikommen können, und er eine kleine Jongliervorstellung geben darf. Wir sollen am nächsten Tag gegen 19.00 Uhr vorbeikommen.
Dann steigen wir auf unsere gemieteten Fahrräder und fahren Richtung „Tiger Cave". Die Sonne knallt erbarmungslos auf unsere Köpfe, am Strand steht kein einziger Baum. In der Ferne entdecken wir direkt am Strand ein kleines Fischerdorf. Unsere Räder kämpfen sich durch den dicken Sand. Ein Mann nimmt sich unser an und führt uns durch das Dorf. Er zeigt uns den Dorftempel und die von belgischen Spendengeldern errichtete Solaranlage. Eine elektrische Wasserpumpe wurde von deutschen Spenden installiert. Neugierige Blicke beobachten uns. Der Mann nimmt uns mit in seine kleine Hütte mit zwei Räumen. Vor der Hütte wälzt sich ein mit Schmutz verkrusteter Hund im Sand. Neun Personen wohnen darin auf engstem Raum. Dann kämpfen wir uns mühsam zurück auf die Straße. Wir stoßen auf eine von einer Mauer umgebene Hotelanlage. Ich frage, ob wir uns an den Strand legen dürfen und man erlaubt es uns. Hier gibt es Palmen, einen sauberen Strand und kühle Getränke. Alles, was ein Urlauber so braucht. So verweilen und faulenzen wir bis zum frühen Abend.

Wieder in Mamallapuam angekommen, gehen wir zum Nepali, trinken Ginger Lemon Honey Tee und essen wieder frischen Apfelstrudel. Rainer holt noch schnell seine Jongliersachen und ich gehe auf den Markt, kaufe Obst, Kekse und Seife für die Kinder im Heim. Das Haus ist wirklich noch ein Rohbau, ohne Fenster und Türen, ohne Farbe und ohne Fußbodenbelag. Im Schlafsaal liegen die Kinder auf dünnen Matten auf dem Boden. Neben den Matratzen stehen jeweils kleine Kisten, in denen das ganze Hab und Gut der Kinder enthalten ist. Sie haben gerade eine Zusammenkunft, als wir in den Raum treten. Sie sitzen auf dem Boden und richten neugierig ihre großen braunen Augen auf uns. Die Betreuerin unterbricht ihre Rede und Rainer gibt seine Vorstellung. Es wird viel gelacht und gestaunt und alle wollen auch einmal probieren, mit den bunten Bällen ein Kunstwerk zu vollbringen. Die Erzieher erzählen uns, dass die Kinder meist Waisen aus Nepal und Nordindien sind. Viele von ihnen haben ihre Eltern bei Naturkatastrophen verloren. Das Heim wird ohne jegliche staatliche Unterstützung betrieben und ist auf Spenden angewiesen. Eine winzige Glühbirne hängt lustlos an der Decke und strahlt ihr spärliches Licht in den Raum. Ich verteile meine Mitbringsel. Die Kinder umarmen uns und winken uns zu, als wir sie wieder verlassen müssen. Es ist Nachtruhe.

Vom Nepali Roof Top beim Frühstück sehen wir, wie die Kinder aus dem Waisenhaus kommen, und in ordentlicher Schulkleidung zu zweit nebeneinander zur Schule gehen. Auf unserer diesjährigen großen Silvesterparty wollen wir Spenden für das Heim sammeln.

Mit dem Taxi geht es zum Busbahnhof. Dort sitzen wir und niemand kann uns sagen, wann ein Bus abfährt. Unser Ziel ist Pondicherry, ungefähr 100 km von hier. Nach einer Stunde Wartezeit hält ein überfüllter Bus an. Zum Glück steigen einige Leute aus. Das Gepäck müssen wir mit in den Bus nehmen, ansonsten verläuft die Fahrt nach indischen Verhältnissen unspektakulär harmlos. Mit einer Rikscha fahren wir zum Park Guest House. Unser Zimmer hat einen Balkon mit Meeresblick.

Wir befinden uns noch immer an der Ostküste am Golf von Bengalen. Im Distrikt Tamil Nadu. **Pondicherry** ist die „Französische Rivera des Ostens" und besitzt heute noch den Charme einer französischen Provinzstadt. Die französische Kolonialmacht herrschte hier 280 Jahre lang. Der Ort ist eine Mischung aus kolonialer Vergangenheit, entspannter Atmosphäre, französischem Charme, alles in allem, zumindest an der Uferpromenade, ein verträumter Seeort. Wir laufen hier entlang auf der Suche nach dem „Le Cafe". Ich stellte mir in meiner Fantasie schon eine große Schale Milchkaffee vor. Die Enttäuschung ist groß, als uns eine  Minitasse mit einer völlig überzuckerten Flüssigkeit serviert wird.

In der Mitte der knapp zwei Kilometer langen Strandpromenade steht auf der dem Meer zugewandten Seite die Statue von Mahatma Gandhi. Mit der Rikscha fahren wir dann zum Bahnhof und kaufen uns für Freitag Tickets nach Madurai. Dann schlendern wir wieder durch die Stadt zum Meer. Da bemerke ich abermals meine über den ganzen Körper verteilten juckenden Bläschen. Ich hatte schon vorher von einigen Wunderheilern im Ort gelesen. Jetzt muss ich einen aufsuchen. Der Heiler selbst ist nicht anwesend. Ein Junge von vielleicht 13 Jahren sagt, ich soll mich bis auf den Slip ausziehen und dann in den Raum

zurückkommen. Der ganze Raum ist übersät mit Räucher-
kerzen und duftenden Kräutern. Ich setze mich auf ein
Kissen auf der Erde inmitten des Raumes. Der Junge
massiert mich von oben bis unten mit einem Kräuterpuder
ein. Er gibt mir zwei Päckchen mit und sagt, wenn es nicht
besser wird, soll ich morgen früh, wenn der Mediziner
wieder da ist, noch einmal wieder kommen. Gepudert, wie
ich bin, gehen wir ins „Indian Food Coffee House". Hier
gibt es eine Reihe uns noch unbekannter indischer Snacks.
Wir essen „Onion Utthapam", Zwiebel-reispfannkuchen
mit verschiedenen Pasten, „Porry Masala with vegetarian
Cutlet", Kartoffelbrei mit vegetarischer Boulette und
„Bonda", frittierte Grießklößchen mit zwei scharfen
Tunken. Die einheimischen Inder im Restaurant schütten
ihren Kaffee auf die Untertasse und schlürfen ihn dann von
dort ab. Gesättigt von den leckeren Speisen legen wir uns
in unserem Hotel unter unser Moskitonetz und schlafen bis
zum frühen Morgen.

Ich setze mich auf unseren Balkon und sehe die Sonne im
Osten als glutroten Ball aus dem Meer aufsteigen. Als ich
mich anziehe, bemerke ich, dass meine Bläschen gar nicht
mehr so jucken, pudere mich aber noch einmal ein.
Wir starten einen erneuten Versuch im „Le Cafe" ein
Frühstück einzunehmen. Ich bestelle ein vegetarisches
Sandwich und bekomme Toast mit saurer Butter. Wenn
man nach einem Tag Erholung die gemütlichen Cafes mit
schlechtem Kaffee und die Atmosphäre der guten
Restaurants genossen hat, sehnt man sich wieder nach dem
wahren Indien.
Pondicherry wurde schon zur Kolonialzeit durch den
Canal Grande in die „weiße" und in die „schwarze" Stadt
geteilt. Die „weiße" Stadt mit ihren üppigen grünen Parks,

der Kombination verschiedenster Kulturen und der französischen Architektur der Gebäude.

Die „schwarze" Stadt mit ihren stinkenden Abwasser-kanälen, menschenüberfüllten, dreckigen Straßen unter-scheidet sich in keiner Weise von anderen indischen Städten. Durch diese radeln wir jetzt mit ein paar gemieteten Fahrrädern hindurch, Richtung Strand.

Der Verkehr ist chaotisch und grenzt schon an Selbstmord. Motorradfahrer drängeln sich in halsbrecherischen Überholmanövern durch die wartenden Fahrzeug-schlangen. Mitten in dem Chaos stehen die heiligen Kühe und grasen unberührt im Dreck. Handkarren, Fußgänger, Busse, Autos, Rikschas, Radfahrer, Hunde, alles bewegt sich planlos durcheinander. Die Devise heißt: „Regeln sind dazu da, um gebrochen zu werden". Ob es überhaupt Regeln gibt, ist ungewiss. Der $CO_2$ Ausstoß übersteigt jegliche Emissionswerte. Mit einem feuchten Tuch vor der Nase schaffen wir es aber bis zum Stadtrand. Bald dahinter finden wir auch einen kleinen Strand. Die Sonne brennt wieder erbarmungslos vom Himmel herunter und so machen wir uns nach zwei Stunden auf den Rückweg. Aber oh Schreck, mein Rad hat einen platten Reifen. Man sollte es kaum glauben, 300 m weiter befindet sich ein Fahrradladen. „Muthumunis Bycicle Service", Herr Muthumuni lässt zur Begrüßung seinen offenen Mund mit ein paar unappetitlichen fleckigen Zähnen erstrahlen. Jedoch innerhalb von einer Viertelstunde ist mein Rad wieder fahrbereit. Nun müssen wir uns beeilen. Wir haben heute Morgen im Hotel ein Tagesticket für umgerechnet fünfzig Cent für das Essen im Ashram gekauft. Dafür kann man dort drei Mahlzeiten am Tag einnehmen. Ein „Ashram" ist ein klosterähnliches Meditationszentrum oder wörtlich übersetzt, ein Ort der Anstrengung.

Der Ashram von Sri Aurobindo wurde im Jahre 1926 gegründet. Durch seine spirituellen Lehren vom integralen Yoga und der Verbindung zur modernen Wissenschaft genießt er internationalen Ruf. Hier findet man Ruhe und all die Weisheit der alten Heiligen und Weisen Indiens. Die Menschen kommen, um zu meditieren und Frieden mit sich und der Welt zu finden. Unter dem Frangipani Baum im zentralen Innenhof steht eine Gedenkstätte der „Mutter" und „Sri Aurobindo". Zu den Mahlzeiten herrscht hier allerdings reges Treiben. Man stellt sich an einer Ausgabe an, gibt seine Essenmarke ab und erhält ein komplettes Essen bestehend aus Reis, Gemüse, Joghurt, Banane und einem kleinen Stück süßen Kuchens. In mehreren großen Essensälen suchen wir uns einen Platz an den langen Tafeln. Geredet werden darf beim Essen nicht. So genießen wir die Beköstigung in fast absoluter Stille.
Um 13.00 Uhr fährt unser Bus nach Auroville, knapp zehn Kilometer von Pondicherry entfernt.

*Auroville, die Stadt, die die Welt braucht.*
*Auroville - Irgendwo auf der Erde sollte es einen Ort geben, den keine Nation als ihr alleiniges Eigentum beanspruchen kann.*
*Auroville gehört niemandem im Besonderen. Auroville gehört der ganzen Menschheit.*
*Auroville wird der Ort ständiger Lernbereitschaft und des ständigen Fortschritts sein.*
*Auroville möchte die Brücke zwischen Vergangenheit und Zukunft sein.*
*Auroville wird ein Platz materieller und spiritueller Forschung sein.*

Das Projekt Auroville entstand 1964 mit dem Ziel, als internationale Stadt das Ideal menschlicher Einheit umzusetzen. Offiziell gegründet wurde es im Februar 1968.

Die Mutter (eine Französin) war die treibende Kraft bei der Gründung von Auroville und nahm bis zum Ableben 1973 regen Anteil am Aufbau der Stadt. Ungefähr 2.000 Menschen aus 44 Nationen, davon ca. 41 % Inder, 13% Deutsche und 15% Franzosen und der Rest aus aller Welt, leben hier in einer Gemeinschaft, die die menschliche Einheit verwirklicht.

Wir halten am Infocenter, wo wir uns einen Film zur Entstehung und der Arbeit in Auroville anschauen. Dann fahren wir zum Matrimandir, der Seele von Auroville.

*„Die Menschen werden hierher nicht zu regelmäßigen Meditationen oder etwas in dieser Art kommen. Es wird ein Ort sein der Konzentration, des Versuchs, sein Bewusstsein zu finden. Keine Blumen, keine Räucherstäbchen, auch keine Musik. Die Menschen können überall sitzen. Es wird nicht geredet. Schweigen und Stille."*

„Die Mutter"

Das Hauptgebäude ist eine Kugel mit einem Durchmesser von 36 Metern, in der sich der innere Raum befindet. In der Mitte steht eine von der deutschen Firma „Zeiss" gefertigte Kristallkugel. Hier herrscht absolute Stille. Drumherum befinden sich 12 Meditationsräume. An der Außenfläche des Matramandirs sind goldene Scheiben befestigt. Ein sehr futuristisch aussehendes Gebäude. Es soll als Symbol der Vereinigung des Menschlichen mit dem Göttlichen dienen. Die Wohnhäuser, die ebenfalls in sehr architektonisch unterschiedlicher Weise gebaut wurden, gehören eigentlich niemandem. Wohnen ohne Eigentum.

Und die Mutter sagt dazu:

*„Nichts in Auroville gehört jemandem. Es ist der ideale Ort für jene, die wissen wollen, welche Freude und Befreiung das Aufgeben von persönlichem Besitz mit sich bringt. Alles gehört der Gemeinschaft".*

In der Gemeinschaftsküche wird für alle Aurovillianer das Essen zubereitet. Ja und wer jetzt neugierig geworden ist, kann sich weiter über das Projekt und seine Hintergründe informieren. Wir laufen noch ein wenig im Park umher, und schauen uns die verschiedenen Wohnhäuser an. Dann fahren wir zurück nach Pondicherry.
Nun wird es Zeit für unser Abendessen im Ashram. Dieter, der uns den Tipp gegeben hat, ist auch dort. Wir gehen in die obere Etage, hier darf man leise reden.
Als wir gegen 19.00 Uhr wieder nach unten gehen, sind alle Leute verschwunden und die Türen werden gerade geschlossen. Wir machen einen Spaziergang zurück zu unserem Hotel. Vor einem Krankenhaus bleiben wir stehen. Menschen mit Essentöpfen gehen ein und aus. Im Krankenhaus gibt es für die Kranken keine Verpflegung. Die Angehörigen müssen das Essen dorthin bringen. Wer keine Familie hat, ist auf die Almosen der anderen angewiesen.

Nach dem Frühstück packen wir unsere Sachen und gehen um 12.00 Uhr zum Busbahnhof. Dort fährt unser Bus nach Villupuram, von wo es dann mit dem Zug weiter nach

Madurai geht. Das gleichmäßige Tuckern des Zuges lullert mich in einen leichten Schlaf. Als ich wach werde und aus dem Fenster gucke, beobachte ich die Bauern, die in der heißen Nachmittagssonne die schwere rote Erde mit dem Spaten umgraben.

Kurz nach 20.00 Uhr kommen wir auf dem Bahnhof in Madurai an. Vom Roof Top des „Sree Devi Hotels" können wir direkt auf die Tempelanlage „Sri Meerakshi" gucken, die jetzt am Abend in einem hellen Licht angestrahlt wird.

**Madurai** ist nach der Hauptstadt Chennai die größte Stadt Südindiens. Sie ist 2.500 Jahre alt und galt schon früher als wichtigstes Religions - und Handelszentrum.

Heute ist Madurai eine Millionenmetropole und besitzt mit ihrer einzigartigen Atmosphäre aus Geschäftigkeit und Religiosität eine gute touristische Infrastruktur.

Wir frühstücken auf dem Roof Top und beobachten die hinter der Tempelanlage aufgehende Sonne.

Danach machen wir uns auf den Weg zum Südtor. Die Anlage hat vier Haupttore mit Türmen in alle Himmelsrichtungen. Sie alle haben neun Stockwerke und sind über 50 m hoch. Sie sind mit unzähligen bunten Gottheiten, Dämonen und mystischen Fabelwesen übersät. Insgesamt gibt es 12 Türme, die wie bunt bemalte himmlische Wesen in den Himmel ragen. Hochhäuser für den Götterclan. Sechs Hektar ist die ganze Anlage groß. Der Tempel wurde dem Gott Shiva und seiner Gattin gewidmet. Ungefähr 20.000 Besucher kommen täglich hierher. Unsere Schuhe müssen wir, wie immer an Tempeln am Eingang ausziehen und stehen lassen. Am „Teich des goldenen Lotus" setzen wir uns nieder und können von hier aus das emsige Treiben der Menschen gut beobachten. Der Teich war damals der Treffpunkt der alten Dichter der Akademie. Diese beurteilte den Wert eines Werkes der Literatur. Die Werke wurden in den Teich geworfen. Nur welches nicht unterging, war bemerkenswert. Dann gehen wir weiter durch die „1000 Säulen Halle", die sich rund um den Teich befindet. Pilger und Besucher bewerfen hier die beiden tanzenden Figuren Shiva und Kali mit Butterkugeln, die von den Brahmanen verkauft werden. So sind die beiden Hindugötter völlig mit Butterfett beschmiert. Es riecht auch etwas ranzig hier. Wer weiß, ob das Fett jemals abgewischt wird, und in der Wärme gerinnt das Ganze zu Buttersäure. Im Tempel sind schon einige mystische Ecken zu finden, diese sind aber ausschließlich nur von Hindus zu betreten.

Ich setze mich noch einmal an den Teich. Rainer läuft etwas umher. Eine Schulklasse von ungefähr 50 Schülern setzt sich in meine Nähe. Erst ein Lächeln von Weitem, dann ein langsames Heranrutschen und schließlich steht die gesamte Klasse drängelnd um mich herum. Ein nicht enden wollendes Gefrage „Whats your name?" und „Where do you come from?" folgt. Jeder stellt dieselbe Frage und jeder will mir die Hand geben. Rainer beobachtet die Geschehnisse von der Ferne und bleibt auf Sicherheitsabstand.

Anschließend durchstreifen wir die Gassen und Märkte, mit den Händlern, Pilgern, Marktständen und Ochsenkarren. Trotz des bunten, wuseligen Treibens herrscht eine angenehme friedliche Stimmung. An einer Mauer steht mit großen Buchstaben geschrieben „Please not urin here". Eine Mülltonne ziert die Aufschrift „ Please use me". Was für ein Fortschritt im indischen Chaos. Am „New college restaurant" vorbeikommend, werden hier gute Thalis angeboten. Es essen hauptsächlich Studenten in der Mensa. Wir setzen uns an einen der vielen Tische. Ein Essenverteiler legt uns einen indischen Einwegteller bestehend aus einem Bananenblatt auf den Tisch. Dann kommt ein Zweiter und klatscht uns eine Portion Reis darauf. Danach folgt ein Dritter mit verschiedenen Soßen und Gemüse. Sowie das Blatt leer gegessen ist, kommen sie schon wieder angerannt und füllen den „Teller" mit Essen auf. Nach der zweiten Portion lehnen wir dankend ab. Um den Gaumen des scharfen Essens wieder zu besänftigen, gibt es zum Nachtisch „kheer", einen Reispudding.

Für übermorgen müssen wir uns für den Nachtzug nach Varkala noch ein Ticket reservieren. Auf der Straße kommt uns ein riesiger Elefant mit geschmückter Stirn und einem Führer entgegen. In jeden Laden hält er seinen Rüssel hinein. Die Leute legen ihm dann ein Geldstück in seine Rüsselöffnung, dieses reicht er seinem Führer hinauf. Anschließend streicht der Elefant mit seinem Rüssel über den Kopf des Spenders und segnet ihn.

Am Abend setzen wir uns noch einmal an den Tempelteich. Jetzt, wenn die Lichter und die Kerzen angezündet werden, hat die Atmosphäre einen ganz anderen Charakter als am Morgen. Als wir dann wieder hinausgehen, herrscht dort reges Treiben. Ein Umzug mit einer Sänfte umgeben von tanzenden Tamilen wird in den Tempel getragen. Jeden Abend findet diese Prozedur statt, jeden Abend werden Shiva und seine Gattin ins Bett gebracht.

Um 6.00 Uhr beenden wir die Nacht. Es regnet. In einem um die Ecke gelegenen Restaurant frühstücken wir, einige Inder und zwei Kühe. Die heiligen Kühe kommen tatsächlich in das Restaurant und bekommen eine Portion Essen ins Maul geschoben.

Dann machen wir uns auf in Richtung Marktviertel. An den Verfall der Häuser gewöhnt, bleiben die bröckelnden Fassaden, die defekten Wege und halb eingefallenen Dächern bestehen. Ob sie je wieder im Glanz erstrahlen, bleibt für mich ungewiss. Auf den engen matschigen Wegen auf dem Markt zwischen den Ständen, scheint die Zeit stehen geblieben zu sein. Männer tragen barfuß schwere Säcke auf dem Rücken. Frauen preisen lauthals ihre Waren an, und Kinder spielen in den Pfützen Hopse. Auf dem Blumenmarkt umringt uns ein Meer aus Farben und Düften.

Als wir wieder auf der Straße angekommen sind, nehmen wir uns eine Rikscha, und fahren zum „Gandhi" Museum. Das spektakulärste Ausstellungsstück hier ist das blutverschmierte Gewand Gandhis, das er am Tag seiner Ermordung trug. Viele Bilder und Tafeln von seinem Leben und seinen Begegnungen mit den Menschen sind ausgestellt.

**Mahatma Gandhi**, geboren am 2.10.1869 und am 30.1.1948 in Neu Dehli ermordet, war der geistige Führer der indischen Unabhängigkeitsbewegung. Er kämpfte mit passivem Widerstand und zivilem Ungehorsam für die Unabhängigkeit Indiens von der britischen Kolonial-herrschaft. Sein spektakulärer „Salzmarsch" begann am 12.3.1930, als er mit 78 Männern aus einem Ashram südwärts zum Arabischen Meer aufbrach. Tausende Inder schlossen sich unterwegs dem Trupp an. In nur 24 Tagen legten sie 384 Kilometer zurück. An der Küste beginnen sie mit der Salzgewinnung. Dies war ein Vergehen gegen das Salzmonopolgesetz der britisch indischen Regierung.

Es kam zu Massenverhaftungen. 1942 fordert Gandhi die Unabhängigkeit Indiens. Am 3. Juni 1947 wurde diese durch den damaligen Premierminister verkündet. Sein gewaltloses Eintreten gegen die Diskriminierung in Südafrika und Indien machten ihn zu einem der wichtigsten Vorbilder der Menschheit.

*„Gewaltlosigkeit wird auf die Probe gestellt, wenn sie der Gewalt gegenübersteht".*
*„Gewalt ist die Waffe des Schwachen, Gewaltlosigkeit die des Starken".*

Mahatma Gandhi

Gandhis Wohnhaus steht, leider geschlossen, auch auf dem Gelände.
Im Hotel duschen wir uns noch den Schweiß des heißen Tages ab, bevor wir in den Nachtzug nach Varkala steigen. Der Zug ist völlig überfüllt und unser Schlafplatz wurde scheinbar doppelt verkauft. Nach einigem Hin und her findet sich aber für alle ein Platz. Ich habe ca. 80 Schlafplätze in unserem Waggon gezählt. Eingequetscht mit meinem dicken Rucksack auf der Pritsche liegend, versuche ich zu schlafen. Doch das ist kaum möglich. Alle wollen nett sein, bieten uns Essen an, und wollen ein Pläuschchen machen.
Der Wind pfeift durch die geöffneten Fenster. Die Reisenden haben sich so viel zu erzählen, sodass erst weit nach Mitternacht endlich Ruhe einkehrt.

Kurz vor 8.00 Uhr quietschen die Räder und der Zug kommt zum Stehen. Wir sind da. Gerade noch fest schlafend, springen wir völlig verdattert aus unserer Koje.

Mit dem Taxi fahren wir an den Strand und müssen zunächst einen Tee trinken, um wieder klar zu werden. Der Strand ist traumhaft, mit hohen Klippen und Palmen umringt. Wir sind jetzt ganz unten am südlichsten Punkt von Südindien.

**Varkala** ist ein alter keralischer Pilgerort.
Wir beziehen im „Hotel View" ein Zimmer mit Balkon in Richtung Meer.
Nach einem kleinen Schläfchen laufen wir oben auf den Klippen Richtung Norden bis zum Ende der Siedlung. Hier steht ein Hochstand Café. Die Preise sind hier allerdings so hoch wie der Hochstand selbst. Wir nehmen Platz und lassen uns einen Pineapple Pancake schmecken und haben dabei einen schönen Blick über die Weite des Meeres. Am Abend essen wir beim Sonnenuntergang die Spezialität des Hauses, Fisch mit Kardamon in einem Bananenblatt gedünstet.

Vor dem Frühstück nehmen wir erst mal ein erfrischendes Bad im Meer. Die Brandungswellen sind bis zu zwei Meter hoch und die Strömungen sehr stark. Aus einer frittierten Rolle Reismehl mit einer Kokosnussmasse gefüllt, besteht heute unser Frühstück. Die indische Küche ist für mich wirklich die beste auf der Welt!
Dann holen wir einige Informationen zur geplanten Backwatertour ein. Danach habe ich einen Termin bei einer ayurvedischen Massage. Völlig nackt bindet mir die Masseurin dann einen Faden um den Bauch, und bastelt mir aus Toilettenpapier einen Lendenschurz. Auf einer hölzernen Massagebank, die durch das viele Öl aller Patienten der letzten 100 Jahre bereits auf Hochglanz poliert ist, lasse ich mich nieder. Nun werde auch ich von

oben bis unten mit Sesamöl eingefettet. Anders als bei einer schmerzenden Thaimassage werden hier nur Streicheleinheiten über den Körper verteilt. Es ist zwar sehr angenehm, aber eine traditionelle Thaimassage gefällt mir besser, da spürt man gleich, dass Blockaden aus dem Körper genommen werden. Zum Schluss wird mir noch Öl auf die Stirn geträufelt und mit den Fingerspitzen sanft verteilt. Anschließend gibt es die Möglichkeit sich abzuduschen. Ich gehe dann hinunter an den Strand, miete mir eine Liege, genieße das Toben der Wellen und die letzten Sonnenstrahlen, bevor auch dieser Tag zur Neige geht.

Zum Abendessen, welches wir mit einem Kölner Pärchen einnehmen, essen wir gebratenen Thunfisch mit Lemonreis und vegetarischen Teigtaschen. Da in Kerala der Ausschank von Alkohol verboten ist, wird uns das Bier in einer Teekanne serviert. Später steht auf der Rechnung „Spezial Tee". Auf einer Mauer neben den Tischen saust derweil eine der fettesten Ratten, die ich je in meinem Leben gesehen habe, entlang. Ungelogen, ich glaube fünfmal so groß wie in Berlin.

Rainer hatte gestern mit den Fischern ausgemacht, dass er mit hinaus zum Fischen fährt. Er muss sehr früh aufstehen. Als er zurückkommt, mieten wir uns ein Moped und wollen zum Strand von Golden Island. Überall lächeln und grüßen die Menschen.

Leider finden wir den Strand nicht, machen dann in einem idyllischen Fischerdorf eine Pause, und fragen nach dem Weg. Das halbe Dorf kommt zusammengelaufen. Jeder will einen Ratschlag geben. Nur wissen wir aus Erfahrung, dass die Inder lieber irgendetwas sagen, bevor sie sagen, sie wissen es nicht. An einem kleinen Stand trinken wir noch einen Milchtee, dieser wird in hohem Bogen von einem Glas ins anderer geschüttet, um schaumig zu werden.

An einer Stelle am Straßenrand stehen große Bäume mit Jackfruits. Ich will mir eine Frucht vom Baum mitnehmen. Eine alte Frau, unter deren Sari sich eine dicke Bauchkugel hin und her schiebt, kommt des Weges und sagt, dass die Früchte noch nicht reif sind. Sie nimmt uns mit zu sich nach Hause. Wir folgen ihr. Als wir den Hof betreten und der Hausherr aus der Tür tritt, sind alle Frauen verschwunden. Reste des Saftes einer zerkauten Betelnuss rinnen ihm seitlich aus dem Mundwinkel. Er schneidet uns eine Frucht von seinem Baum ab.

Die wiegt bestimmt drei Kilogramm. Da wir unterwegs nichts Passendes zu essen gefunden haben, gehen wir erst in Varkala auf einer Terrasse mit Blick auf die Ghates (Treppen) einen Thali essen. Wir können, da jetzt bereits die Zeit des Waschens angerückt ist, von hier beobachten, wie die Menschen ihre Abendwäsche vornehmen. Sie seifen sich von oben bis unten ein und schrubben sich ab, als müssten sie sich ihrer Haut entledigen. Die Sachen, die die Männer und Kinder anhatten, werden gleich mit gereinigt. Die Frauen waschen sich natürlich mit ihren Kleidern. Anschließend werden auch noch die Zähne in dem Wasser des Sees geputzt.

Zurück in unserem Hotel freuen wir uns darauf, unsere Jackfruit aufzuschneiden und die leckere Frucht zu essen. Schließlich hat die Frucht in Südwestindien ihren Ur-sprung. Ich schneide daran herum, eine klebrige weiße Masse macht sich um meine Hände breit. Die geöffnete Frucht verströmt einen unangenehmen „Duft" aus einer Mischung saurer Milch, verfaulten Zwiebeln und süßen Mangos. Meine Finger kleben so fest zusammen, als hätte ich sie in ein Fass mit Klebstoff getaucht. Ich bekomme sie nicht auseinander. Ja was denn nun? Wir gehen in die Küche unseres Hotels, wo wir uns auch das Messer ausgeborgt hatten. Ich zeige dem Koch meine zusammengeklebten Finger und er fängt an zu lachen. Ich finde das natürlich gar nicht witzig. Dann nimmt er die große Ölflasche aus dem Regal und schüttet etwas davon über meine Hände. Wie in einem Märchen kommt die Erlösung. Im Nu hat sich die Kleb-masse in Luft aufgelöst. Gute Nacht!

Seit einigen Tagen habe ich Halsschmerzen und die Mandeln tun mir weh. Wahrscheinlich kam das durch den Durchzug im Nachtzug.

Unten am Strand macht sich gerade die Müllbeseitigung zu schaffen. Es wird alles in nächster Nähe an Müll zusammengeharkt, dann ein tiefes Loch gebuddelt, alles dort reingeschüttet und zu geschippt. Alles sauber, äußerlich. Ein starker Regenguss überfällt uns. Wir rennen schnell ins Hotel. Dann ist Shopping angesagt. Oben auf den Klippen ziehen sich die Verkaufsstände, wie eine Perlenschnur entlang. Kinder mit bunten Tüchern drängeln unentwegt, dass man etwas kaufen soll. Kaufst du jedoch etwas von dem einen, kommt der andere und meckert über den nächsten und unterbietet ihn in seinen Preisen. Mit zwei großen Tüchern, einer Kette und einer Wildledertasche ziehen wir nach Hause. Ich lege mich etwas hin. Mein Hals schmerzt immer mehr. Ich kann kaum noch schlucken.

Unsere Tochter befindet sich zurzeit in Neuseeland und wir wollen sie wenigstens einmal von unserer Reise anrufen. Aber wie spät ist es dort, wenn es von Deutschland nach Indien vier Stunden vor und nach

Neuseeland noch mal sieben Stunden später ist? Ich habe sie jedoch erreicht. Hier ist es 16.00 Uhr und in Neuseeland 23.00 Uhr.

Dunkle Wolken ziehen am Himmel auf. Statt an den Strand zu gehen, beschließen wir, ins Mangala Hospital nach Varkala, das 1983 von Indira Ghandi eingeweiht wurde, zu fahren. Eine Kartei wird angelegt und ich bekomme eine Nummer. Zwei Kinder liegen im Bett auf dem Flur an einem Tropf gefesselt.

Die Untersuchungsräume sind nur mit Vorhängen abgetrennt. Eine kleine sehnige Krankenschwester mit dem Blick einer flinken Maus führt mich ins Behandlungszimmer. Ein kleiner Raum, ein Doktor, ein Tisch, zwei Hocker und ein paar Werkzeuge. Mit einer Metallplatte drückt mir Dr. Hanal meine Zunge hinunter und leuchtet mir in den Hals. Wie ich das hasse. Ich halte seinen Arm fest, aber er quält mich weiter. Erste Würgeversuche kommen aus meinem Inneren. Da mir auch der obere Brustkorb wehtut, sage ich ihm, er soll mir bitte die Lunge abhören. Das macht er auch. Aber es sind die Mandeln, er sagt, dass das feuchte Wetter daran schuld ist. Ich hatte noch nie Probleme mit meinen Mandeln. Er verschreibt mir rosa Pillen und ich soll mit Salz gurgeln. Das mache ich auch, aber von den rosa Pillen habe ich keine angerührt.

Auf dem Rückweg kaufe ich einige Gewürze und hole mein Geld für zwei verkaufte Bücher aus dem Buchshop bei Rex ab.

Abends essen wir mit einem Traveller aus Stuttgart, Heidi und Sven aus Köln zusammen „Fish Sizzler". Auf einer heißen Pfanne brutzelnd, bringt uns der Kellner das duftende Gericht.

Um 7.00 Uhr morgens sitzen wir im Taxi, das uns zum Bahnhof bringt. Wir kaufen ein Ticket nach Kollam, von wo aus unsere Backwater Tour startet. Auf dem Bahnsteig rennen bettelnde Kinder umher. Um ihre Körper hängen Lumpen. Ich schenke ihnen eine Tüte mit meiner abgetragenen Kleidung, obwohl sie sicher noch etwas zu groß sein wird.

Ein Mann kommt von der rechten Seite auf uns zu. Sein Gesicht und der Rest des zu sehenden Körpers, sind mit riesigen Beulen übersät. Er riecht wie altes Blumenwasser. Ich versuche, ohne ihn zu berühren, ein paar Rupies in seine geöffnete Hand zu legen.

Der Zug verspätet sich und bevor ich im Zug auf die Toilette muss, ziehe ich es vor, das Bahnhofs WC zu besuchen. Ein stechend scharfer Geruch nimmt mir den Atem. Meine europäische Lunge zieht sich würgend zusammen. Desto länger man die Luft anhält, desto tiefer muss man anschließend einatmen. Rennend stürze ich dann wieder auf den Bahnsteig zurück. Der Zug fährt ein. Vor über 150 Jahren wurden die ersten Gleise in Indien verlegt. Heute durchziehen rund 65.0000 Kilometer Eisenbahnschienen das Land. Jährlich gibt es bis zu 800 Todesopfer bei ca. 450 Unfällen. Die indische Eisenbahn ist berühmt für ihre überfüllten Waggons.

So versuchen wir uns mit unseren dicken Rucksäcken durch die Menge zu drängeln. Die Türen bleiben während der Fahrt geöffnet. Teeverkäufer und Frauen mit runden Tabletts, gefüllt mit gekochten Eiern, Erdnüssen, Samosas und Süßigkeiten versuchen ebenfalls, sich durch die Massen zu schieben.

Die sich um uns ringenden Mitreisenden probieren immer wieder grinsend, ein paar englische Wortfetzen an uns loszuwerden. Zum Glück haben wir heute nur eine kurze Distanz zu bewältigen.

Angekommen, steigen wir in eine Rikscha und fahren zur Bootsanlegestelle. Wir haben noch Zeit und gehen erst mal frühstücken, bevor um 10.30 Uhr das Boot ablegt. Es ist sehr heiß. Von Kollam nach Appeley fahren wir 85 km auf den Backwaters entlang.

Die **Backwaters** sind ein Wirrwarr aus Wasserwegen. Dutzende Kanäle und Flüsse schlängeln sich zwischen Seen und Lagunen entlang. Sie sind eine Mischung aus Süß- und Salzwasser. Ungefähr 1.500 Kilometer umfasst das Wassernetz.

Einige Leute steigen unterwegs in einem Ashram aus, der von einem weiblichen Guru geführt wird. Jeder, der ankommt, wird von ihr umarmt und sie wünscht ein friedvolles miteinander leben. Die Ufer sind gesäumt von schwankenden Kokospalmen. Kinder springen nackt im Wasser umher und rufen uns zu „one pen, one pen". Frauen in bunten Gewändern und mit Schirmen zum Schutz vor der Sonne über dem Kopf, spazieren auf dem Uferweg entlang. Aus Bambusstangen und mit Stoff- oder Plastikfetzen ummantelten Wänden, stehen diverse Toilettenhäuschen auf Stegen mit freiem Fall ins Wasser. Acht Stunden und zwanzig Minuten dauert die Fahrt. Es ist bereits dunkel, als wir ankommen. Aber es wird noch dunkler. Schwarze Wolken ziehen über den Himmel und es fängt an, wie aus Kannen zu gießen. Von Rex, dem schönsten Inder, den ich bisher gesehen habe, werden wir abgeholt und in unsere Unterkunft gebracht. Das hätte ich nicht erwartet. Massive Möbel im Kolonialstil. Der Fußboden ist mit Teakholz getäfelt. Bei einem heißen

Mango-Ananas Juice unterhalten wir uns mit Rex, der uns den weiteren Verlauf der Tour erklärt.

Ab 5.00 Uhr früh wird es laut auf dem Innenhof, Töpfe klappern, Autos starten, Hunde bellen und Menschen reden wild durcheinander. Ich schlafe aber immer wieder ein. Um 7.30 Uhr klopft Rex und ruft lauthals durch die geschlossene Tür „wake up".
Nach dem Frühstück fährt er uns zur Anlegestelle unseres Hausbootes. Den Holzrumpf des Bootes umspannt ein rundes Dach aus Bambus und Palmenblättern.
Ungefähr vier Monate wird an einem Boot gebaut und es ernährt zehn Familien.
Freundlich werden wir von unserer Zwei Mann Crew empfangen. Es geht zunächst nur mit Menschenkraft voran. Ähnlich wie im Spreewald, stechen die beiden Bootsmänner ihre langen Bambusstangen ins Wasser. Das Leben entlang den Backwaters von Kerala wirkt vom Boot aus bunt. Mit weit ausholenden Bewegungen schlagen Frauen ihre Wäsche aus. Ab und zu wird der Motor angeworfen, immer dann, wenn einer der Männer das Essen zubereitet.
Wir sitzen vorne am Bug in Bambussesseln gebettet, wo uns das Essen serviert wird. Einer der Männer wedelt uns mit einem Palmenblatt frische Luft zu. Dabei kommen wir uns nun doch ein bisschen herrschaftlich vor. Rainer nimmt dem Mann den Fächer ab, was ihm gar nicht gefällt. Es ist seine Aufgabe, den Gästen an Bord den Aufenthalt so angenehm wie möglich zu gestalten. Immer wieder werden unsere leeren Teller nachgefüllt. Wegen der wenigen Bewegung müssen wir beim dritten Mal ablehnen. Nach dem Essen bekommt Rainer eine Fußmassage, anschließend werde ich mit einer Nacken-

massage verwöhnt. Am späten Nachmittag legt das Boot am Ufer an, wo unsere Fahrt für heute beendet ist. Vom Festland schallt das Zirpen der Grillen, Vögel streiten um den besten Schlafplatz und Wasserhyazinthen schaukeln leicht im Abendwind. Düster liegt der Fluss in der Finsternis.

Der Tag beginnt mit einem Konzert der unzähligen Vögel. So ruhig, wie es am Abend war, so laut herrscht im Morgengrauen wieder das Chaos. Fischer machen sich an ihre Arbeit, Männer schöpfen Schlamm und Sand in ihre Boote, der zum Häuserbau verwendet wird. Unser Küchenchef bereitet das Frühstück vor. Die Nacht unter dem Moskitonetz war heiß und stickig. Nach einer Katzenwäsche sitzen wir im Schein der aufgehenden Sonne wieder am Bug und lassen uns den „Coconut uttapam" mit warmen Bananen schmecken. Kerala heißt so viel wie, „Ort, an dem die Kokosnüsse sind". Fast jedes Essen wird entweder mit Kokosmilch oder Raspel gekocht.
Der Abwasch erfolgt, natürlich mit dem für uns unreinen Wasser des Kanals. Hygiene sollte man hier buchstäblich über Bord werfen. Ich döse auf meinem Bambussessel und lausche den zahlreichen Geräuschen. Auf der Zunge habe ich noch den süßen Geschmack einer Mango. Nach zwei Stunden werden wir dann an Land abgesetzt. Mit einer Rikscha gelangen wir zu einer Fähranlegestelle, von wo aus es weiter mit einer öffentlichen Fähre bis Kottayam geht. Neben uns sitzt ein junger Mann, der gerade eine Zeitung aufschlägt, wo in großen Buchstaben eine Überschrift mit den Worten „Nightmare Berlin" (Alptraum) erscheint.
Der Mann ist aus Potsdam. Er versucht, den Text zu übersetzen. Ein indischer Journalist wurde von der

Lufthansa nach Berlin eingeladen. Aber er schimpft, dass alles zu teuer war, er kein gutes indisches Restaurant gefunden hat, es zu kalt war und die Menschen etwas hektisch wirkten. Unser schmales Boot fährt jetzt durch die etwas engeren Kanäle der Backwaters, von wo aus das Leben auf dem Festland noch besser zu beobachten ist. Blühende Pflanzen sind zum Greifen nah. Der Duft schwarzbrauner Vanilleschoten schwängert die Luft. Lachende Kinder winken vom Ufer.

Von Kottayam aus wollen wir hinauf in die Teeplantagen und in das Periyar Wildschutzgebiet nach Kumily. Man rät uns, ein Taxi zu nehmen, was wir dann auch tun. Ein Besuch in einer Kautschukplantage und einer Ananasplantage sind im Preis inbegriffen. Die Straße schlängelt sich mitten durch saftig grüne Teeplantagen hinauf. In Kumily quartieren wir uns im „El Paradiso" ein.

Zunächst nehmen wir eine dringend notwendige Dusche, und machen uns dann gleich auf den Weg zum „Forest Department", um für die nächsten Tage ein Programm zu gestalten.

Für morgen buche ich eine „Spicytour" (Gewürze) und übermorgen checken wir uns für eine eintägige Dschungelfahrt in den Nationalpark ein.

Unser heutiges Abendessen nehmen wir in einem sehr ungemütlichen Restaurant ein. Die schwache Deckenbeleuchtung spendet ein düsteres Licht. Alle paar Minuten erwacht eine Neonröhre zum Leben und eine andere erlischt. An einer Essenluke muss man sich sein Essen selbst abholen.

Die Nacht hier oben war angenehm kühl.

**Kumily** ist touristisch noch nicht gut ausgebaut, und so finden wir auch zum Frühstück nur einheimische Kost, was bedeutet „Masala Dosa". Das ist ein knuspriger dünner Pfannkuchen mit einer würzigen Kartoffelfüllung und scharfer Soße. Ich verzichte und trinke nur einen frisch gepressten Ananassaft.

Um 10.00 Uhr beginnt unsere Fahrt in die Gewürzgärten. Zunächst halten wir an einer Teeplantage an. An den Hängen der Berge drängt sich ein Muster aus bauchnabelhohen Teesträuchern, die durch unzählige kleine Wege durchbrochen sind. Die Vielfalt des Gewürzgartens bietet interessante Informationen über den natürlichen Lebensraum, sowie den medizinischen Wert der Pflanzen. Der Duft der Vanille überströmt einige Teile des Gartens. Ingwer, Chili, Pfeffer, Muskatnuss, Lorbeer, Zimtrinde, Nelken und jede Menge verschiedener Früchte werden uns gezeigt und erklärt.


Heute stehen wir um 4.45 Uhr auf und unternehmen eine Dschungeltour durch die Cardamon Hills im „Periyar Wildlife Park", die „Arche Noah des Dschungels". Der Nationalpark ist ein gut erschlossenes Tigerschutzgebiet. Nachdem der Maharadscha von Travancore sich für den Schutz des Waldes und ein Jagdverbot eingesetzt hatte, wurde 1934 ein kleines Gebiet von 13 km² zum Schutzgebiet erklärt. 1950 wurde das Areal auf 777 km² erweitert. Die Kernzone von 350 km² wurde dann 1982 zum Nationalpark erklärt.

Pünktlich 5.15 Uhr steht der Jeep vor unserer Tür. Zwei junge deutsche Männer sitzen schon im Auto. Sie begrüßen uns und wir trinken im Ort noch einen Tee, bevor die Holpertour startet. Nur gut, dass wir nichts gegessen haben, sonst wäre das sicher umsonst gewesen. Am Eingang des Parks hält der Jeep endlich an. Wir klettern auf das Dach vom Jeep, um dann natürlich schon von Weitem die Tiger zu beobachten, Die ca.50 lebenden Tiger im Gebiet werden allerdings nur äußerst selten gesichtet. Unser Fahrer und unser Guide gucken und horchen ständig, ob ein Tier zu hören oder zu sehen ist. Im Park leben noch etwa 1.000 Elefanten, der Lippenbär, Leoparden, Schwarznackenhasen, Wildschweine, Königsriesenhörnchen und ungefähr 50 Rudel von Dekhan Rothunden und viele andere mehr. Da entdeckt der Fahrer, trotz seiner rot unterlaufenen aderdurchfurchten Augen auf einer Anhöhe ein Elefantenpaar mit zwei Jungen und einem Baby. Sie bleiben einen Moment stehen und stampfen dann ihren Weg weiter. Die Schaukeltour wird fortgesetzt durch dem von den vorherigen Monsunregen ausgewaschenen Weg. Auf einer Graslandschaft steht eine Bisonherde mit ungefähr 20 Tieren. Weiter geht es durch einen Eukalyptuswald hinauf auf eine Anhöhe. Von hier oben können wir den erwachenden Tag des Dschungels mit seinen aufsteigenden Nebelschwaden am besten begrüßen. Über den Tälern schwingen Hornvögel ihre Flügel und geben ein paar merkwürdige Töne von sich. Im Volksmund sagt man „Geh dorthin, wo der Pfeffer wächst". Das wäre genau hier im Periyar Gebiet. Im Schatten des Waldes rankt sich der wilde schwarze Pfeffer zusammen mit anderen Schlingpflanzen an den Baumstämmen empor. Dann fahren wir zum Forest Department und nehmen hier ein kräftiges Frühstück zu uns. Nach dem Essen bekommen wir alle ein Paar Socken übergestülpt, sodass die gierigen Blutegel nicht an unsere Haut kommen. Unsere dreistündige Wanderung durch den Dschungel beginnt. Auf einem Bergrücken grast eine Herde Gaur. Gaur sind indische Bisons. Sie sind die größte frei lebende Art von Rindern. Ausgewachsene Tiere können bis zu 1.500 kg wiegen. Auf einem Baum vor uns, springt ein Rieseneichhörnchen von einem Ast zum anderen. Im Park arbeiten zurzeit die Bambusabholzer. Mit ihren lauten Sägen ist es natürlich kein Wunder, wenn wir keine weiteren Tiere beobachten können. Nach sieben Kilometer Wanderung kommen wir wieder im Department an. Es gibt Mittag, und danach wollen wir auf dem See eine Bootsfahrt unternehmen. Doch plötzlich, fängt es mörderisch an zu regnen. Wir haben gute Chancen, nach dem Regen Tiere zu sehen. Diese rennen angeblich bei Regen aus dem Wald heraus. Die Bootstour fällt allerdings ins Wasser. So sitzen wir unter dem Dach des Hauses und hören dem Lied eines Vogels zu, wobei man das Gefühl hat, man könnte mitsingen. Auf dem Rückweg begegnen wir dann noch schwarzen Affen mit merkwürdigen Haarkränzen, Dschungelhühnern und einer Herde Sambahirsche. Die roten Dschungelhühner sind die Stammväter der ca.500 verschiedenen heutigen Haushühner. Sie halten sich gerne in den Baumwipfeln auf. Kaum verlassen wir den Park und kommen auf eine ausgebaute Straße, drückt der Fahrer wieder voll auf das Gaspedal. Es ist sinnlos, darüber nachzudenken, was hinter jeder Kurve passieren könnte.

Abends gehen wir zu einem alten Ehepaar in deren kleines Restaurant, um die leckeren Kekse und einen kräftigen Tee zu genießen.

In meinem Bett liegend lausche ich dem Singen der Vögel, die im Baum vor unserem Fenster ein Morgenkonzert erschallen lassen. Es ist, als befinden wir uns mitten im tiefen Dschungel.

Unser Vermieter möchte uns heute das Frühstück servieren, was wir dankend annehmen. Reiskokosfladen mit Ananasmarmelade. Sehr lecker! Beim Essen erfahren wir, dass es einen Nachtbus nach Combaitore mit Anschluss nach Ooty gibt, das unser nächstes Ziel sein sollte. Also spontane Planänderung. Ich gehe zunächst aber zu meiner reservierten Rückenmassage. Entspannt für weitere Abenteuer stellen wir dann unsere Sachen zur Abfahrt bereit und gehen noch einmal in den Ort.

Ab 12.00 Uhr gibt es im „Queen Lake" ein Büfett für 65 Rupies. Verschiedene Curries, drei Reissorten und ein paar süße Leckereien wandern in unsere Bäuche.

Dann geht es mit der Rikscha zum Nationalpark. Um 14.00 Uhr startet eine Bootstour auf dem See im Nationalpark. Wir nehmen die teureren Karten auf dem Oberdeck. Von hier hat man eine gute Sicht auf das Ufer. Obwohl es erst am Nachmittag ist, haben wir Glück und sehen eine Menge verschiedener Tiere. Eine Horde Sambahirsche genießt das grüne Gras, welches am Ufer wächst. Daneben stapfen drei dicke Elefanten heran, um zu baden. Selbst eine Wildschweinfamilie lässt es sich bei hellem Sonnenschein bei einem Spaziergang am Ufer gut gehen. Fischotter spielen lustig im Wasser umher. Ein plötzlicher Regenguss überrascht uns, und wir müssen unter Deck. Aber auch von hier kann man noch eine Horde Bisons beobachten. Als wir wieder aus dem Boot steigen, machen wir uns zu Fuß auf nach Kumily. Auf einem großes Schild mit der Aufschrift „Vorsicht Tiger", wird davor gewarnt durch den Park zu gehen. Viele Affen kreuzen unseren Weg und auf einer Wiese sitzen auf einem abgestorbenen Baum zwei große Bussarde.

In einem kleinen Café trinken wir einen Tee, holen unsere Sachen, und fahren zur Bushaltestelle. Diese wirkt etwas verlassen. Nach einer halben Stunde erscheint noch ein Passagier. Gegen 21.00 Uhr fährt der Bus ab. Kumily liegt auf einer Höhe von ungefähr 1.000 Metern. Die mit

Schlaglöchern übersäte kurvige Straße nach unten und das in der Dunkelheit, bekommen meinem Magen die ersten zwei Stunden nicht.

Dann wird die Straße besser und die Fahrt in dem bequemen Luxusbus endet um 5.20 Uhr in Combaitore. Wir stürzen gleich in eine Rikscha und fahren zum Bahnhof. Der Wartesaal ist hoffnungslos überfüllt. Es riecht penetrant nach Urin. Für die Toilettenbenutzung muss man hier 50 Rupies zahlen, das ist für einen mittelständischen Inder schon eine Menge Geld, und da wird es scheinbar vorgezogen in die Ecken des Bahnhofs zu urinieren. Ich mache mich angeekelt auf den Weg zum WC, bezahle meinen Eintritt und was sehe ich da? Nur dünne halbhohe Trennwände ohne Türen. Gutgekleidete Inderinnen in ihren schönen Saris hocken sich schwungvoll in das in der Erde befindliche Loch. Allein über die Zustände auf indischen Toiletten könnte man ein kleines Buch schreiben. Unsere Chancen, noch ein Ticket nach Mettupalyam zu bekommen, stehen schlecht. Aber die indische Bahngesellschaft sieht das anders. Erst mal allen Leuten eine Fahrkarte verkaufen und wie sie dann in den Zug hinein passen, ist ihre Angelegenheit. Drängelnd und schubsend schieben wir uns in ein Abteil. Von links bohrt sich ein Ellenbogen in meine rechten Rippen. Abfahrt 7.30 Uhr.
Angekommen, wollen wir nun endlich mit der „Nilgiri Blue Mountain Railway", der berühmten Schweizer Schmalspurbahn hinauf nach Ooty fahren. Die 46 km lange Fahrt geht durch 16 Tunnel, 11 Bahnhöfe und durch 19 Brücken. Insgesamt werden dabei 1.000 Höhenmeter überwunden. Die Strecke wurde in der Zeit zwischen 1890 und 1908 von den Briten gebaut, um in die Höhenlagen

der Teeplantagen zu gelangen. Zwischen den Schienen wurde eine spezielle Zahnstange montiert, die es ermöglicht, mit einer kleinen Lokomotive extreme Steigungen zu bewältigen. Das Signal zur Abfahrt ertönt, ausnahmsweise werden alle Türen geschlossen. Die erste Strecke wird mit einer der wohl letzten Dampf-lokomotiven des Landes betrieben. Schwarzer Qualm steigt aus der Lok in den blauen Himmel hinauf. Das Pfeifen und Schnaufen klingt schallend über die Täler. Ein älterer Mann mit weißem Hemd und braunen Kragen sitzt mir gegenüber. Ein zaghaftes Lächeln bringt einen Friedhof verfaulter Zähne zum Vorschein. Seine zu große Hose schlackert ihm luftig um die dürren Beine. Nachdem er seine zwei hart gekochten Eier und ein Samosa verspeist hat, rülpst er gnadenlos in meine Richtung. Rülpsen, Spucken und Furzen sind normale Nebenerscheinungen eines jeden männlichen Inders. Der Zug stoppt. Es muss neues Wasser aufgefüllt und die Asche entleert werden. Weiter geht es an steilen Abgründen auf der einen Seite und scharfkantigen Felsen auf der anderen Seite weiter hinauf. Wieder hält der Zug an. Durch starke Regenfälle in der Nacht sind die Schienen mit Schlamm überspült worden. Ein tatkräftiges Team, bestehend aus dem Zugpersonal und einigen Passagieren, schaufelt die Schienen wieder frei. Die Fahrt wird nach einer Stunde fortgesetzt. Absolut fantastische Ausblicke bieten sich uns auf dieser Tour und wir freuen uns schon auf die Rück-reise, um alles noch einmal aus einer anderen Perspektive erleben zu können. Es hat geregnet, und es drängt sich jetzt dichter Nebel zwischen die Aussicht und unsere Augen. Fünfeinhalb Stunden dauert die Fahrt.
Bei unserer Ankunft regnet es wieder. Mit einer Rikscha fahren wir ins „Reflector Guesthouse", wo wir ein Zimmer

71

mit Blick auf den See beziehen. Der dicke Nebel steigt über dem Wasser empor. Das Klima ist angenehm kühl und die friedlichen grünen Hügel und Wiesen laden zu Wanderungen ein. Wir essen etwas, wobei sich mehrere Neuankömmlinge im Essensraum zusammenfinden. Dabei lernen wir Grit aus Berlin kennen. Später fahren wir zusammen zum Bahnhof, um uns Tickets für morgen, für die Rückfahrt zu kaufen.

Dann wandern wir zum „Fernhill Palace", der ehemaligen Sommerresidenz des Maharadschas von Mysore. Im Garten essen wir ein Pancake und trinken Kaffee. Inmitten von Fichten und Zedernbäumen steht ein kirchenähnliches Gebäude, was einst als Badmintonhalle errichtet wurde. Wir wandern dann noch um halb Ooty herum. Im trüben Lampenschein der alten Laternen, gelangen wir in die engen mittelalterlichen Gassen mit ihren winzig kleinen Häusern und Hotels. In vielen kleinen Läden bieten Frauen selbst gebackene Kekse an. Die sind so lecker, dass wir nach dem Verzehr einer Tüte noch eine Zweite kaufen.

Im Hostel wieder eingekehrt, unterhalten wir uns noch eine Weile mit Grit. Plötzlich öffnet sich eine Zimmertür, und Klaus vom Boot aus den Backwaters steht im Raum. Freudig begrüßen wir uns, und es wird noch eine lange Nacht des Erzählens. Als wir dann auf unser Zimmer gehen, merke ich, wie kalt es hier wirklich ist. Ich schlafe mit zwei Paar Socken und drei Oberteilen.

Früh genehmigen wir uns eine heiße Dusche. Die Sonne steht hoch am Himmel. Ich taue so langsam aus der Verfrorenheit der Nacht auf. Nach dem Frühstück, auf der Sonnenterrasse, fahren wir mit Grit in den botanischen Garten. Dieser wurde 1847 von englischen Gärtnern angelegt und dementsprechend befinden sich hier 16

Hektar makelloser Rasenteppich. Viele indische Familien sind heute unterwegs. Alle paar Meter müssen wir mit ihnen auf ihrer Kamera festgehalten werden. Etwas außerhalb des Geländes befindet sich noch ein altes Dorf der „Todas" (Bergvölker). Sie leben in wagenförmigen Hütten aus Bambus, Stroh und Schilf. Eine alte Frau mit ihrem einst schönen, jetzt jedoch verblühtem Gesicht und den langen, grau geölten Haaren, sitzt auf einem Stein. Sie hat noch die Tätowierungen auf ihrem ledernen, faltigen Körper. Alle erwachsenen Frauen der Todas tragen Tätowierungen. Die Kinder springen lustig um die alte Frau herum. Ein Mädchen fängt an, das lange Haar der Alten zu kämmen. Wir werden in ein Haus eingeladen. Der Eingang ist so niedrig, dass wir uns bücken müssen. In einem einzigen Raum steht nur ein Bett, obwohl hier sechs Personen wohnen. An der rechten Seite gibt es eine Feuerstelle und ein wenig Geschirr. Kinder recken die Hälse in die Hütte, Mädchen kichern und kreischen. Rainer holt seine Bälle aus der Tasche und versucht mit den Jungen zu jonglieren. Anschließend schlendern wir noch einmal durch die Gassen von Ooty. Dann holen wir unsere Sachen und tuckern mit der Nilgiri Bahn wieder zurück nach Mettupalyam. Wir steigen dort um, und fahren wieder zwei Stunden nach Coimbatore. Mit Grit, die uns bis hierher begleitet hat, gehen wir etwas essen. Sie bleibt noch einige Zeit in Indien, und wir sollen ein Paket mit Büchern für sie mit nach Hause nehmen.

Mit dem Nachtzug erster Klasse fahren wir fünf Stunden nach Ernakulum. Erste Klasse bedeutet Komfort und Komfort heißt Klimaanlage. Diese ist jedoch so kalt eingestellt, dass ich mich vor Frost von einer Seite auf die andere wälze.

5.30 Uhr kommen wir an. Mit der Fähre wollen wir hinüber nach Fort Kochi. Die erste Fähre legt angeblich erst um 9.00 Uhr ab. So gehen wir in einem für indische Verhältnisse teures Restaurant frühstücken, das früh um sieben Uhr geöffnet ist. Ich habe endlich mal Zeit, unsere letzten Erlebnisse in meinem Tagebuch niederzuschreiben. In Kochi angelegt, beziehen wir im „Elite" Hotel ein Zimmer und schlafen erst mal einige Stündchen.

**Kochi**, die „Königin des arabischen Meeres", liegt im Südwesten Indiens und hat eine landschaftlich attraktive Lage im Naturhafen an der Malabarküste. Ihren Namen verdankt die Stadt sehr wahrscheinlich dem Wort „kochazhi", was auf Malayalam so viel wie „kleine Lagune" bedeutet. Die Stadt beherbergt ungefähr 700.000 Einwohner, damit ist sie die zweitgrößte Stadt Keralas. Das Stadtgebiet erstreckt sich über mehrere der Küste vorgelagerten Inseln und Halbinseln. Das tropische Klima in Kochi beschert der Stadt eine Jahresdurchschnittstemperatur von 27,5 Grad Celsius.
Kochis materieller Reichtum gründet sich auf den gewinnbringenden Handel mit den im Hinterland angebauten Gewürzen. Der Handelshafen ist einer der wichtigsten an der indischen Westküste. Die Bevölkerung besteht größtenteils aus Hindus, aber auch Moslems, Christen und Juden haben ihren Platz in Kochi. Kochi besitzt viele kulturhistorische Stätten:
Die Franziskanerkirche ist die älteste von Europäern erbaute Kirche Indiens. Sie wurde 1503 aus Holz und Mitte des 16. Jahrhunderts als Steinbau neu errichtet. Der Grabstein von Vasco da Gama ist noch heute dort zu sehen, obwohl seine Gebeine 1539 nach Lissabon überführt wurden. Mitte des 17. Jahrhunderts mussten die

Portugiesen ihre Besitzungen an die Holländer abtreten. Ganz im Norden der Halbinsel Fort Kochi findet man die historischen chinesischen Fischernetze. Die schweren Holzkonstruktionen, an denen Netze hängen, werden vor allem bei Hochwasser genutzt, um Fische aus dem Meer zu holen.

Langsam fällt der knallrote Ball hinter den Fischernetzen ins Wasser. Der Sonnenuntergang hinter den chinesischen Fischernetzen ist das beliebteste Fotomotiv in Kochi. Dann werden hier die Stände aufgebaut, an denen der frische Fisch verkauft wird, oder man sich einen aussucht, der gleich vor Ort gegrillt wird. Genüsslich geht der Tag zur Neige.

Nach einem ausgiebigen Frühstück mit Omelette, Porridge, Pancake und Bananalassi machen wir uns auf den Weg zur Fähre nach Vypeen Island.

Eine der vorgelagerten Inseln von Kochi. Eine dreiviertel Stunde radeln wir über die Insel bis wir an den Strand kommen. Viele neue Kirchen und schöne Häuser stehen am Wegrand. Überhaupt spürt man im Süden Indiens den relativ hohen Lebensstandard. Nirgendwo sonst in Indien können so viele Menschen lesen und schreiben wie in Kerala. Keralas kommunistische Regierung wirbt für Geburtenkontrolle und kostenloses Mittagsmahl in den Schulen.

Wir mieten uns zwei Strandliegen mit Tisch. Leider gibt es keine Sonnenschirme und wir sind gezwungen, uns aus Palmenwedeln einen Schutz gegen die brennende Sonne zu bauen. Für die indischen Sonntagsausflügler sind wir die absolute Attraktion. Es sieht so aus als wären wir die einzigen Touristen am Strand. Es bleibt uns keine ruhige Minute. Am schlimmsten sind die männlichen Teenager.

Ständig die üblichen Fragen „ Where do you come from" und „What`s your name". Bei unseren Antworten verfallen sie in ein endloses Kichern. Fotoapparate klicken, als wären die Paparazzi hinter uns her. Die Jungs versuchen Kunststücke im Wasser vorzuführen, in der Hoffnung, dass wir über ihre Künste staunen, was wir dann auch tun. Als ich einmal aus dem Wasser komme, rennen gleich ein paar Jungen auf mich zu und loben mich und schütteln mir die Hand, wie toll ich doch schwimmen kann. Die Frauen gehen nur komplett mit ihren Kleidern ins Wasser und tauchen allerhöchstens bis zur Brust unter. Schwimmen kann hier sicher kaum eine Frau. Weiß schäumen die Fluten des Meeres und die Delphine springen munter auf und ab. Da wir hier keine wirkliche Ruhe finden, machen wir uns am frühen Nachmittag wieder auf den Weg zurück. In Kochi findet heute noch das große Elefantenfest statt. Tausende Menschen stehen und laufen umher. Wir schließen uns dem Strom der Schiebenden an. Bis ein Einweiser, dessen Fingernagel gut über zwei Zentimeter über die Finger-kuppe des kleinen Fingers hinausragt, uns in den Gang der „weißen Menschen" einreiht.

Nachdem wir 100 Rupies bezahlt haben, können wir uns dann die hundert reich geschmückten, und bemalten Elefanten mit ihren edlen Reitern, die einen Sonnenschirm haltend, stolz auf ihren Tieren sitzen, anschauen. Aber außer, dass die Elefanten Bananen, Reis und Palmen zu fressen bekommen, geschieht nichts Aufregendes. Eine Trommelgruppe zieht mit fürchterlichem Lärm an uns vorüber. Völlig verstaubt und verschwitzt, steigen wir in einen überfüllten Bus zurück nach Fort Kochi, in unser Hotel. Später in einem Fischrestaurant treffen wir die Schweizer von der Dschungeltour im Nationalpark. Wir setzen uns zusammen, und erzählen die Geschehnisse der letzten Tage.

Die Fähre bringt uns rüber nach Ernakulum. Eine Straße voller Gold. Jeder Laden ist hier ein Juweliergeschäft und die Frauen der oberen Schicht lassen sich beim Schmuckkauf von ihren Männern beraten. Am Straßenrand sitzen Handleser und Wahrsager. Auf dem Markt herrscht ein undurchdringliches Gewusel aus Menschen, Stoffen, Töpfen und Essbarem. Ein Mann verkauft klebriges Zeug in schrillen Farben. Der Glibber wird mit einer Flüssigkeit in ein Plastiktütchen mit einem Strohhalm gefüllt und fertig ist der Bubble Tea. Das genießerische Hochziehen von Nasenschleim ist nur ein Teil der indischen Geräuschkulisse. Weiter sorgen das Hupen der Mopeds und Rikschas und die laute indische Musik auf dem Markt für ein abwechslungsreiches Hörspiel. Der gemischte Duft aus Kloake, Gewürzen, Jasmin Blüten und fettigem Öl sorgt für den typischen indischen Geruch, der sich tief in mein Gehirn einprägt.
Indien, Märchen oder Gräuelmärchen, da muss eben jeder seine eigenen Erfahrungen machen.
Da entdecken wir einen Stand mit wunderschönen Stoffen. Staunend vor lauter Farbenpracht, entscheidet sich Rainer für den dunkelblauen mit den goldenen Sternchen. Er wollte sich ja schließlich noch ein Kostüm für seine Märchenauftritte schneidern lassen. Die Verkäuferinnen fangen an zu kichern. Bis uns klar wird, dass das alles Stoffe für die Saris der Frauen sind. Rainer feilscht mit den Damen noch um den Preis, bis sie irgendwann freudig einverstanden sind. Nun muss er nur noch einen Schneider finden. Aber das wollen wir in Fort Kochi versuchen.

Nach einem kleinen Imbiss geht es mit der Fähre wieder zurück.

Ich gehe in ein Beauty Center und lasse mir eine Henna Färbung verabreichen. Nach drei Stunden soll ich zum Auswaschen wiederkommen. Also gehe ich mit meinem Turban auf dem Kopf zurück ins Hotel. Rainer war zwischenzeitlich beim Schneidermeister Taylor, um die Maße für sein Kostüm zu nehmen. In vier Stunden kann er sich seinen Anzug abholen.

Mit einem roten Schopf auf dem Kopf wie Pippi Langstrumpf verlasse ich den Schönheitssalon ein zweites Mal. Ich hatte eigentlich eine braune Hennapackung bestellt. Da die Inder wie immer nicht „nein" sagen können, egal, ob sie vielleicht nicht verstehen oder keine braune Packung haben, wurde mir eben die rote verabreicht. Dann gehen wir zum Schneider. Sie sitzen in für uns unbequemen Hockstellungen vor ihren Näh-maschinen. Um sie herum türmen sich schillernde Stoff-ballen. Ein paar kleine Änderungen und das Kostüm passt perfekt.

Am Abend braut sich ein bedrohliches Gewitter zu-sammen, es schüttet wie aus Eimern.

Mit mehreren Leuten unternehmen wir noch einmal eine siebenstündige Backwatertour. Eine Stunde fahren wir mit dem Bus. Dann geht es mit einem großen Bambusboot weiter. Nach dem Stopp in einem Gewürzgarten, steigen wir in ein kleines schmales Boot um und fahren die engen dicht bewachsenen Kanäle entlang.

Am Abend gehen wir mit Freunden an die Uferpromenade und lassen uns riesige Garnelen grillen.

Den letzten Tag wollen wir entspannt verbringen. Ich lasse mir in einem anderen Beautyshop noch einmal meine

Haare umfärben, genieße anschließend eine Papaya-Eis Maske und flaniere noch ein bisschen um die Stände an der Uferpromenade.

Um 23.00 Uhr fahren wir mit dem Taxi zu dem 50 km entfernten Flughafen. Über Bombay fliegen wir mit 750 km/h in 8.500 m Höhe bei -40° C nach Hause.

So gegensätzlich, wie die Geschichten aus Indien geschrieben sind, so gegensätzlich ist das Land in allen seinen Facetten. Die extreme Armut und der wahnsinnige Reichtum der Menschen. Die extreme Trockenheit und die grünen Oasen der Teeplantagen und Dschungelgebiete. Das hohe Wissen in Mathematik und der Computerbranche gegen das Analphabetentum der Armen. Der extreme Schmutz und Dreck im Gegensatz zu den ständig wischenden und fegenden Indern in ihren Häusern. Die Schönheit der Paläste im Gegensatz zu den aus Lumpen zusammen gebastelten Hütten in den Slums.

Das Verkehrschaos, Staub und Lärm der Städte zu den paradiesisch teilweise noch einsamen Stränden am Meer. Die reich gedeckten Tische und die leeren Blechnäpfe. Vom Ferrari in Bombay bis zum Ochsenkarren auf dem Lande. Das Finden von Gegensätzen scheint hier ein Leichtes zu sein. Als Besucher Indiens benötigt man viel Kraft für das maßlose Chaos und das grenzenlose Elend, das oft nur einen Wimpernschlag voneinander entfernt ist. Indien kann einen Menschen verändern. Man sagt, Indien liebt man oder man hasst es. Es gibt kein zwischendrin. Ich habe es nach meinem zweiten Besuch endgültig lieben gelernt. Es sind immer wieder die Erlebnisse, die Begegnungen mit den Menschen, die Momente, die nur einem selbst gehören. Bezaubernde Orte, die ganze

Herzlichkeit und Freundlichkeit der Inder. Und nicht zu vergessen die fantastische indische Küche.
Indien ist so vielfältig und überall so anders, dass auch ein dritter und vierter Besuch nicht ausbleiben wird.

Für das Kinderheim in Mamallapuam konnten wir unser Versprechen einhalten und haben wir auf unserer Silvesterparty 180,- € gesammelt. Das Geld wurde persönlich durch Freunde, die im Januar 2005 dorthin reisten übergeben.

Am 26. Dezember 2004 brach eine Flutwelle über weite Teile der Küsten des Indischen Ozeans herein, und forderte über 300.000 Menschenleben. In Indien verwüstete der gewaltige Tsunami die südlichen Küstengebiete. Die Ursache war ein starkes Erdbeben auf dem Meeresgrund vor der Insel Sumatra. Dadurch wurden zahlreiche Flutwellen ausgelöst, die sich mit einer Geschwindigkeit von 500 km/h ausbreiteten. Die am stärksten betroffenen Gebiete Indiens waren Pondicherry sowie die Küsten der Bundesstaaten Tamil Nadu, Andhra Pradesh und Kerala.

*Krishnas Butterball*

*Madurai*

*Bergstamm der Todas*

*Backwaters*

# Sri Lanka – Im Land des grünen Goldes

Sri Lanka, die üppig märchenhafte Insel südlich gelegen von Indien, zwischen dem 5. und 9. Grad nördlich des Äquators in den sonnigen Gewässern des Indischen Ozeans.

Die Portugiesen nannten sie „Ceilao", die Holländer „Zeilan" und die Engländer „Ceylon".

Seit 1972 nennt sich die Republik wieder „Lanka"- wie im ersten Jahrtausend. Das Wort „Sri", was so viel wie strahlend oder glänzend heißt, fügte man davor. Der Name „Ceylon" blieb als Gütesiegel für den Tee, denn die Teeplantagen sind Sri Lankas Hauptreichtum.

Die günstig gelegenen Monsune bringen ausreichend Regenfälle und die große Anzahl von Flüssen, sorgen für eine ausreichende Bewässerung auf der Insel. Regenwälder, Trockenzonen, Weideland – Hochebenen, Feuchtgebiete, Dschungel, Lagunen, Nebelwälder und dornige Wildnis erwecken eine unglaubliche Artenvielfalt an Flora und Fauna.

Ein ethnisch tief verwurzeltes kulturelles Erbe verschiedenster Völker wird durch antike und historische Schauplätze besonders hervorgehoben.

Der Streit zwischen den Singalesen, die im Süden beheimatet sind, und den Tamilen die zur Hauptsache den Nordteil bewohnen, trübte leider jahrelang das märchenhafte Bild zwischen Morgenland und Abendland. Seit Ende 2009 ist der Krieg beendet, aber in vielen Familien herrscht immer noch quälende Ungewissheit, da noch heute tausende Menschen vermisst werden.

Von Kandy, einer von lieblichen Bergen umgebenen Stadt, die zugleich religiöses Zentrum des Landes ist, fahren wir mit dem Zug durch den feuchten Nebelwald hoch in die Teeplantagen von Ella. Hier genießen wir atemberaubende Ausblicke und Ausflüge in die Felder des grünen Goldes. Auf der Fahrt nach Tissi machen wir einen Abstecher zu den geheimnisvollen Steinreliefs Buddhas. In Tissi, welches der Ausgangsort für einen Besuch im Yala Nationalpark ist, unternehmen wir eine meiner schönsten Safaris mit fast hautnahen Begegnungen mit Leoparden und Elefanten. Weiter geht es nach Merissa tief unten im Süden mit seinem traumhaften sichelförmigen Strand. In der Nähe befindet sich auch Galle, die von Mauern umgebene Stadt, die seit dem frühen sechzehnten Jahrhundert verschiedene Kolonialzeiten erlebt hat. Zum Ende der Reise verweilen wir noch einige Tage an der westlichen Küste, wo in den Mangrovengewässern faul die Salamander den Tag auf den Ästen der Bäume verbringen, wo viele kleine Krokodile in den Sümpfen liegen und ein Turtle (Schildkröten) – Projekt zu finden ist.

Einige Jahre später fahre ich mit meiner Tochter Sina noch einmal nach Sri Lanka und erkunde die kulturelle Vergangenheit Polonaruwas, Dambullas und Singhiris. Wir unternehmen den schweißtreibenden Anstieg auf den Adams Peak und durchqueren zwei weitere Nationalparks.

Wir fliegen noch im Jahr 2009 los, über Dubai nach Colombo, der Hauptstadt Sri Lankas.
Bereits an der Südspitze Indiens beginnt der Flieger an Höhe zu verlieren und wir können sehen, was uns erwartet. Eine Insel im Indischen Ozean dicht bedeckt mit tausenden Kokospalmen.

Wie ein grüner Smaragd in einer Fassung aus Weißgold.
Zunächst müssen wir aber der Realität ins Auge schauen und die heißt Dreck und Smog.
Wir haben keine Lust auf das Getümmel in der Millionenmetropole Colombos und wollen den nächsten Bus nach Kandy nehmen. Aber so einfach ist das alles nicht. Auf dem chaotischen Busbahnhof von Colombo gibt es keinen zentralen Ort, an dem man ein Ticket kaufen kann. So wenden wir uns zunächst vergebens an die Einheimischen. Jemanden zu finden, der uns versteht, erweist sich ebenfalls als schwierig. Endlich, ein junger Mann begleitet uns zu einem Bus. Das Ticket müssen wir an einem kleinen unscheinbaren Ticketstand ergattern.
Der Bus füllt sich. Die letzte alte Frau, die in den Bus steigt, hängt ihr Bündel mit den drei toten Hühnern mit dem Kopf nach unten an die obere Querstange eines Haltegriffes. Die Fahrt geht los. Mit 30-40 km/h windet sich der Bus die Berge rauf und runter. Straßenmarkierungen, sollte es überhaupt welche geben, dienen einzig und allein der Dekoration. Der Kamikazestil des Busfahrers lässt uns in Asien willkommen heißen. Wir kommen am Nachmittag in Kandy an. Oben auf einem Berg mit Blick über die Stadt lassen wir uns im „Blue Moon" nieder.

**Kandys** idyllische Lage hatte es dem letzten König von Sri Lanka angetan und er residierte hier zwischen 1592 und 1615, bis die Briten das Zepter übernahmen. Im Zentrum der Stadt liegt der künstlich angelegte Kandy See, an dessen Nordufer sich der Zahntempel befindet. In der Mitte des Sees befand sich der königliche Harem. Die Briten funktionierten das Gebäude jedoch zu einem Munitionslagerhaus um. Es ist die viertgrößte Stadt des

Landes und zugleich religiöser Mittelpunkt. Die 30 Meter hohe weiße Statue Buddhas thront auf einem der umgebenden Hügel der Stadt, wie ein Gott, der über alles wacht.

Da es schließlich Silvester ist, haben wir noch das Bedürfnis etwas zu unternehmen.
Die Verkehrssituation rund um den See ist hoffnungslos überfordert. Es gibt nur einen schmalen Bürgersteig zwischen See und Straße und dort zu laufen ist wirklich nicht schön. Es ist laut und es stinkt, man findet einfach keine Ruhe. Eigentlich schade, denn der See bietet einiges an Wildlife - Wasservögel, Schildkröten, Warane, die sich offensichtlich an den Trubel schon lange gewöhnt haben. Nur das kleine Stück Weg entlang des Zahntempels hat eine schöne Promenade. Dort kann man am Abend spazieren gehen. Wir sind auf dem Weg ins Kulturhaus. Hier finden jeden Abend die Kandy Tänze statt. Die Tänzer bewegen sich zu Klängen traditioneller Instrumente. Der Höhepunkt ist die Feuershow, wobei die Tänzer durch das Feuer tanzen. Wir lassen uns dann mit einer Rikscha wieder nach oben ins Hostel bringen. Ich habe immer darauf vertraut, dass auch der Fahrer Familie hat und am Leben hängt, obwohl sein Fahrstil anderes andeutete. Als Trinkgeld gibts dann ein Überlebens-honorar.
Bei einem kleinen Abendessen im Freien knallen hier und da im Tal noch ein paar Raketen.

Den Neujahrsmorgen verbringen wir beim Frühstück auf der Sonnenterrasse, bis uns ein Rikschafahrer eine Tagestour aufschwatzen will. Für 2.000 Rupien willigen wir ein. Auf dem Weg hinunter zur Hauptstraße liegen schlafende Hunde zwischen faulenden Mangos auf dem löchrigen Asphalt. Wir wollen gleich erst einmal am Bahnhof anhalten, um uns ein Ticket nach Ella zu kaufen. Die erste Klasse Fahrkarten sind bereits ausverkauft. So nehmen wir die 2. Klasse. Balvir, unser Fahrer, bei dem die Grauheit seines Alters schon früh eingesetzt hat, macht einen kurzen Stopp auf dem britischen Garnisonsfriedhof. Er erzählt, dass der britische Leutnant James Mc Glashan zwar die Schlacht von Waterloo überlebt hat, aber in Ceylon an einem Mückenstich gestorben ist. An einem Kräutergarten machen wir den nächsten Halt. Ein Mann führt uns durch den Garten und erklärt die medizinische Anwendung der verschiedenen Kräuter und Pflanzen. Nitull gegen Schnarchen, wilde Ananas zum Abnehmen, aus rotem Sandelholz wird Parfüm hergestellt und Herassa hilft gegen Migräne und wenn die Nase verstopft ist. Wir können uns mit Cremes und Ölen einbalsamieren. Rainer bekommt noch eine Nackenmassage gratis. Natürlich gibt es am Ausgang einen kleinen Laden. Ich kaufe Zimtöl, was unter anderem gegen kalte Füße hilft. Rainer nimmt eine Tinktur (Mimosa) die gegen Krampfadern wirkt.

In Sri Lanka werden Elefanten als heilige Tiere betrachtet, und somit auch im Waisenhaus von Pinnuwala entsprechend verwöhnt. Ein Pfleger duscht gerade seinen Zögling im Fluss ab, wobei wir ebenfalls eine Dusche aus seinem Rüssel abbekommen. Das Waisenhaus existiert schon über 30 Jahre. Es ist ein Schutzgebiet für Tiere, die aus ihrem natürlichen Lebensraum verdrängt wurden. Ungefähr 80 Tiere vom Neugeborenen bis zum Greis können sich innerhalb des Gebietes frei bewegen. Die Älteren stopfen sich mit allerlei Gemüse den Bauch voll und die Kleinen werden mit überdimensional großen

Milchflaschen gefüttert. Sri Lankas Elefanten sind eine Unterart der asiatischen Elefanten und etwas kleiner als ihr afrikanischer Cousin. Trotzdem wiegt so ein Elefantenherz 12-21 Kilogramm und im Monat scheidet er 2.500 kg Dung aus.

Auf dem Rückweg unseres Ausfluges halten wir noch in einer Teefabrik. In riesigen Trögen wird der Tee durch einen warmen Luftstrom getrocknet, bevor er in uralten Maschinen weiter verarbeitet wird. Die feinen Teespitzen, des berühmten Ceylon Tees, sind das wichtigste Exportgut der Insel. 100 g des raren „Silver Tip White Tea" kosten in Deutschland zwischen 22 bis 60 Euro. Guter schwarzer Tee kostet bei uns fünf Euro. Eine Teepflückerin verdient für ein Kilo nur 0,12 €. Am Tag pflücken sie um die 20 Kilogramm. Unser Fahrer erzählt, dass die Frauen die Teeblätter manchmal anfeuchten, damit sie etwas schwerer sind.

Balvir setzt uns am Botanischen Garten – Peradeniya ab. Am Eingang liegt auf den warmen Steinen eine trächtige Hündin, die geradezu provokant ihre angeschwollenen Zitzen zur Schau stellt. Auf einem 60 Hektar großen Gelände beherbergt er eine überwältigende Flora. Der größte Teil des riesigen Parks besteht aus Bäumen, die aus allen möglichen Ländern stammen. Moose und Lianen krallen sich an Baumwurzeln fest. Meterdicke oberirdische Wurzeln, die aussehen wie überdimensionale verzweigte Kienzapfen, auf denen sich ganze Familien niederlassen können. Unter mancher grüner Blätterflut gibt es ein lautstarkes Konzert singender Vögel. Und was in manchen Bäumen wie verdorrte Früchte aussieht, sind in Wirklichkeit Flughunde. Diese sind keine Vielflieger die Flugmeilen sammeln, sondern hängen schlafend den ganzen Tag, wie Fledermäuse mit dem Kopf nach unten an den Zweigen der hohen Bäume. Balvir hat am Ausgang auf uns gewartet, und möchte uns noch in ein Restaurant fahren. Dort können wir von oben auf die Straße gucken. Elefanten laufen alleine, wie Fußgänger die Straße entlang. Ein buntes Panoptikum aus klapprigen Holzwagen, wackligen Fahrrädern, Rikschas und hupenden Fahrzeugen schlängelt sich um den großen Kreisverkehr. Das Essen schmeckt leider nur mäßig. Auf dem Weg zum Zahntempel flackern in den verwinkelten Straßen Petroleumleuchten, und die Flammen der Straßengrills lassen die Stadt erleuchten.

Da es schon spät ist und der Tempel in einer dreiviertel Stunde geschlossen wird, müssen wir keinen Eintritt mehr bezahlen. Regale voller Schuhe soweit das Auge blickt. Dreimal am Tag wird der Schrein, in dem die Zahnreliquie aufbewahrt wird, der Öffentlichkeit zugänglich gemacht.

Die Legende erzählt, dass im 4. Jahrhundert Buddhas Eckzahn versteckt im Haar einer Prinzessin auf die Insel geschmuggelt wurde. Sehen kann man den Zahn natürlich nicht, er ist in sieben goldenen Schatullen eingeschlossen. Es werden Gebete gemurmelt, für eine reiche Ernte und dem dazugehörigen Regen oder einen alsbaldigen Kinderwunsch. Öl Kerzen werden angezündet und Opfergaben abgelegt. Draußen scharen sich Buddhisten, Pilger und Touristen um die Tempelmauern. Es ist angenehm kühl. Und in dem nach dem heißen Tag geheimnisvoll dampfenden See wird eine Atmosphäre tiefer Gläubigkeit spürbar.

Am Morgen habe ich Durchfall, und das ausgerechnet dann, wenn man eine lange Fahrt vor sich hat. Als ich im fensterlosen Bad das Licht ein knipse und mich im Waschbecken erfrischen will, verschwinden gerade zwei glänzende Chitin Panzer zweier daumenlanger Kakerlaken in die Tiefen des dunklen Abflussrohres.

Ella ist zwar nicht weit von Kandy, aber die Fahrt soll wohl sieben Stunden dauern.

Balvir, holt uns pünktlich ab und bringt uns zum Bahnhof. Der Zug ist fast leer. Ich frage mich, wieso es dann keine 1.Klasse Tickets mehr gab. Ich lege die Beine auf die andere Sitzbank und freue mich auf die angepriesene schöne Zugfahrt. Leider hält die Freude nur eine halbe Stunde an. Da stoppt der Zug, und alle Insassen müssen aussteigen. Endstation. Das hatte man uns am Fahrkarten-schalter wohl vergessen zu sagen. Auf dem gegen-überliegenden Gleis steht ein hoffnungslos überladener Zug. Dort sollen wir einsteigen. Alle Eingänge sind zu. Mit unseren dicken Rucksäcken haben wir keine Chance. Ich gehe zum Zugvorsteher und bieten ihm Bakschisch (Trinkgeld) an, damit er uns in sein leeres Abteil mit einsteigen lässt. Nach langen Debatten nimmt er wenigstens unsere Rucksäcke. Gerne geben wir sie aller-dings nicht aus der Hand. So nun müssen nur noch wir in den Zug. Der Schaffner pfeift, dass Nebelhorn ertönt, das eiserne Ungetüm ruckt an. Irgendwie haben wir uns bis in den Mittelgang durchgekämpft. Eingequetscht zwischen verschiedenen duftenden Mitreisenden, denke ich voller Graus an die nächsten sieben Stunden Fahrt. Über uns der Deckenventilator rattert wie ein Presslufthammer. Der Mann neben mir bläst mir seinen stark nach Zigaretten riechenden Atem ins Gesicht. Nach zwei Stunden kann ich eine halbe Pobacke am Rand einer Sitzbank ablegen. Im Fahrradtempo kriecht der Zug langsam die Berge hinauf. Manchmal hält er an ärmlichen Siedlungen. Menschen springen vom Zug und verschwinden auf kleinen Pfaden im Dickicht des Dschungels. Nach drei Stunden kann ich beide Pobacken auf der Bank ablegen. Dafür nehme ich ein kleines Mädchen auf den Schoß, was unaufhörlich mit den Beinen zappelt. An den Bahnhöfen drängen sich nun auch noch die Snackverkäufer mit ihren großen Tabletts, voller fetttriefender gebackener Samosas, durch den Waggon. Fliegende Händler reichen Tütchen mit Nüssen durch die offenen Fenster. Nach vier Stunden bekomme ich einen Platz am Fenster. Endlich kann ich die malerischen Ausblicke auf die Teeplantagen, den grünen Dschungel und später auch die Kiefernwälder in den weiten Tälern und Hügeln genießen. Langsam steigt der kühle Nebel aus den Wäldern hervor. Es wird frisch im Zug. Ich decke das Mädchen mit meiner Jacke zu. Ihre Schwester setzt sich nun neben uns. Ihr Großvater schaut sie mit strengem Blick an. Der Mann hat sich die ganze Zeit nicht um die zwei Mädchen gekümmert und ich kann mir vorstellen, dass die beiden nicht viel zu lachen haben. Ich versuche, mit ihnen ein wenig Spaß zu haben und schenke ihnen ein paar Naschereien, was der Großvater nur widerwillig billigt. Eine Stunde vor Ella haben endlich alle Fahrgäste einen Platz gefunden. Kurz vor Ella steigen einige modern angezogene junge Leute, die verteilt auf dem Bahnsteig stehen, in den Zug ein. Einer landet „rein zufällig" neben uns. Wir kommen ins Gespräch. Und „rein zufällig" haben seine Eltern ein Hostel. Und er könnte uns ja auch gleich vom Bahnhof mitnehmen. Da wir nach dieser Fahrt keine Lust mehr haben, uns noch lange um ein Hotel zu kümmern, nehmen wir das Angebot an. Beim Aussteigen sehen wir vorne die große Panoramascheibe des 1. Klasse Waggons. Wir steigen im „Ella Holiday Inn" aus und beziehen gleich ein Zimmer im Untergeschoss. Das Haus ist in einem kräftigen Orange gestrichen und die

Fenster und Türen in dunkelgrün gehalten. Es sieht sehr nett aus.

Um die vom Hotel Rowana tolle Aussicht zu erleben, gehen wir gleich los, hinauf auf einen Hügel. Hier gibt es richtige Hausmannskost, eine leckere Suppe und Ginger Zimt Tee. Wir unterhalten uns mit einem Pärchen aus Österreich, wobei die Frau recht aufgetakelt wirkt. Sie erzählt jedoch, dass sie nur mit einem Handgepäckstück unterwegs ist.

Zurück im „Ella Inn" unterhalten wir noch lange mit Riema, einer kaukasischen Auswanderin. Sie berichtet von alten Zeiten und der Politik in der Sowjetunion.

**Ella** liegt ungefähr 1.000 m ü.d.M. und ist von Bergen, Wasserfällen und Tempeln umgeben. Es war einst ein beliebter Ferienort der englischen Kolonialbesitzer und so ragen die alten Villen wie hochnäsig alternde Ladys aus den Berghängen hervor. Auch das neblig feuchte Wetter zeigt sich „very british".

Wir machen uns auf den Weg zum „Little Adams Peak". Hierbei muss man kein Trekking Experte sein, und kann ganz locker die 4,5 Kilometer hinauflaufen. Auf dem Weg nach oben breiten sich links und rechts des Weges Teppiche, wie aus grünem Moos aus. Die Teeplantagen, das Erbe der Engländer. Tamilische Teearbeiter pflücken den billigen Tee und bekommen somit auch weniger Geld, die einheimischen Arbeiter zupfen den teureren (die jungen Spitzen) und verdienen entsprechend mehr. Wie hart der Weg vom Strauch bis in die heiße Tasse ist, hat man uns dann am Abend gemeinsam mit einer Gruppe deutscher Touristen erzählt. Frauen mit großen Reisigbündeln auf dem Kopf kommen uns entgegen. Sie müssen sicher weit laufen, denn es wurde ja fast alles abgeholzt, um die Flächen für die Teeplantagen frei zu machen. Dicht gedrängt stehen die kräftig grünen Teesträucher, wie kleine Bonsais in einem grafischen Muster an den Hügeln. Eine Horde verschmutzter Jungen, die zum Dorf der tamilischen Teearbeiter gehören, stellt sich uns in den Weg. Rainer macht mit ihnen eine Mutprobe. Wer am längsten eine Wäscheklammer am Ohrläppchen angeklammert hält, bekommt einen Kugelschreiber. Oben angekommen haben wir einen grandiosen Ausblick. An steil abfallenden Felswänden sprudeln Wasserfälle aus den Bergen tief ins Tal und eine Straße windet sich wie ein dünner Faden an den Berghängen entlang.

Als wir zurück sind, wurden zwischenzeitlich unsere Sachen komplett ins Nebenzimmer verlagert. Es liegt alles genau am selben Platz, nur in einem anderen Zimmer, von der Zahnbürste bis hin zum Travelbuch. Der Maler stand wohl unverhofft vor der Tür und wollte das Zimmer streichen.

Nach dem drei Uhr Tee gehen wir zum Bahnhof und laufen wie die Einheimischen den Schienen entlang. Hier soll es irgendwo eine Aussicht auf die „Nine Arch Bridge" geben. Irgendwie ist es mir unheimlich auf den Gleisen, da an manchen Stellen links der Abgrund und rechts die Felswände sich befinden. Man hätte da keine Chance gehabt, zur Seite zu springen und den Fahrplan der Eisenbahn hatten wir nicht im Kopf.

Wolkenfetzen fangen an, über den Himmel zu rasen. Auf der Terrasse des Hostels angekommen, öffnet er dann auch schon seine Pforten und lässt einen gewaltigen Regen auf die Erde nieder.

Wir hatten uns gestern mit zwei Berlinern und zwei Schweizern zusammengetan und einen Kleinbus nach

Tissa gemietet. Wir verabschieden uns von Riema, der Kasachin, die heute leider krank im Bett liegt.

Um 9.30 Uhr startet unser Bus. Die Straße, die wir schon vom „Little Adams Peak" beobachtet haben, führt steil und mit unübersichtlichen Kurven nach unten. Dichte Nebelschwaden haben sich watteweich über das Tal gelegt. Dieses Mal haben wir einen guten Fahrer erwischt. Ein Abstecher führt uns nach „Budurugawala". Als wir von der Hauptstraße abbiegen, befinden wir uns plötzlich in einer herrlichen Seenlandschaft. Durch den vielen Regen der letzten Zeit, stehen die meisten Bäume im Wasser. Zwei Pelikane sitzen auf einem abgestorbenen Stamm, ein Reiher hat sich einen kleinen Fisch aus dem See gefangen, und ein Kormoran schwingt sich über das ruhige Gewässer. Auf einer großen Lichtung im Wald, die über ein paar kleine Treppen zu erreichen ist, stehen die geheimnisvollen Steinreliefs. Sie sind in einen Granit-felsrücken geschlagen. 17 Meter hoch ist die größte der sieben Buddha Figuren. Es gibt keine Aufzeichnungen, aus welcher Zeit die Reliefs stammen. Man schätzt aus dem 7.- 10. Jahrhundert. Eine überirdische Ruhe herrscht auf dem Platz, bis sie von ein paar umherirrenden Affen gestört wird. Ein Ort an dem Natur und Kunst eine Einheit bilden. Die Handhaltung der Hauptfigur (Abhaya-Mudra), die Erhebung der Hände in Brusthöhe mit der Innenfläche nach außen, soll die Gläubigen von ihrer Furcht befreien. Diese Haltung kommt fast nur bei stehenden Figuren vor.

Um 13.30 Uhr kommen wir in Tissi, ausgeschrieben „Tissamaharama" an. Die Stadt zählt zu den alten Königs-städten der Insel und so werden gemeinsam mit deutschen Archäologen seit 2006 Ausgrabungen mit erstaunlichen Funden durchgeführt.

Wir bleiben alle im „Lake View" und nachdem wir unsere Jeep Safari zum Yala Nationalpark gebucht haben, machen wir uns zu einer Umrundung des Sees auf.

Der „Tissa Wewa" ist ein bereits im 3.Jhd vor Christi angelegter Stausee mit einem ausgeklügelten Bewässerungssystem. Heute ein Paradies für Vögel und andere Tiere. Der See ist zunächst völlig übersät mit Wasserpflanzen und aus dem grünen Teppich guckt hier und da ein Kopf eines Wasserbüffels heraus. Ein Mann zeigt uns auch ein Krokodil, welches genüsslich im Wasser liegt. Als einer der Wasserbüffel sich bewegt, taucht das Krokodil in seiner vollen Länge ab. Bunte Vögel zwitschern an uns vorbei und aus dem Gebüsch am Wegrand überquert ein ca.1, 50 m langer Waran unseren Weg. Den ganzen See zu umrunden schaffen wir nicht. Als wir ein kleines Dorf erreichen, drehen wir um. Auf dem Rückweg unterhalten wir uns mit einem Jungen, der erzählt, dass die Krokodile nachts aus dem Wasser kommen und auch schon einige Leute gefressen wurden. Da es langsam dämmert, verabschieden wir uns schnell von dem Jungen und gehen ins Lake View.

Als wir am Abend durch den Ort schlendern, sehen wir eine Schlange von Männern, an einem vergitterten Stand anstehen. Hier wird Alkohol verkauft. Kistenweise wird gerade eine Ladung von einem LKW abgeladen. Man sagt, dass die Totengräber und Palmwein Zapfer die Leute mit dem höchsten Alkoholkonsum auf der Insel sind. Letztere sitzen ja auch direkt an der Quelle. Der Palmwein wird aus dem vergorenen Saft der Zucker- oder Attapalme gewonnen. Der Saft beginnt sofort nach dem Abzapfen zu fermentieren und erreicht bereits nach zwei Stunden einen Alkoholgehalt von 4%. Aus dem Palmwein wird dann durch Destillation ein Branntwein (Arrak) gewonnen. Es gibt ihn mit bis zu 40 – 60% igem Alkoholgehalt.

Der Wecker reißt uns 4.30 Uhr aus dem Tiefschlaf. Um 5.00 Uhr steht der Jeep zur Abfahrt zum Yala Nationalpark bereit. Unser Fahrer ist mal wieder einer von der Sorte, der die Kunst beherrscht beim Überholen eines Fahrzeuges gleichzeitig einer Kuh, die noch im morgendlichen Halbschlaf die Straße überqueren will, auszuweichen. Wir werden in den 40 Minuten Fahrt hinten ordentlich wach geschüttelt. Am Park angekommen, verstehen wir zwar seine Eile, aber ein etwas ruhigerer Fahrer wäre auch ganz angenehm gewesen. Da viele Jeeps eingetroffen sind, müssen wir noch etwas warten. Der Einlass zum Park öffnet nur zweimal am Tag. Früh um 6.00 Uhr und Nachmittag um 15.30 Uhr. Es steigt noch ein Ranger zu uns ein, der uns auf der Safari begleitet.

Der **Yala Nationalpark** ist die Heimat einer großen Vielfalt an Tieren. Er hat ein großes Spektrum verschiedener Ökosysteme, die von feinen Sandstränden, über dorniges Gestrüpp und Savannen, üppigen Regenwäldern, Felsformationen und einem Sumpf- und Seengebieten überzogen werden. Dementsprechend vielfältig ist auch die Tierwelt. 44 verschiedene Säugetierarten, wie wilde Elefanten, Büffel, Wildschweine, Schakale, Lippenbären, eine einzigartige Vogelwelt und die wohl höchste Dichte an Leoparden sind hier mit viel Glück anzutreffen. Libellen und Schmetterlinge flattern ebenfalls in vielen schillernden Farben an den kleinen Flüssen und der vielfältigen Flora vorbei.
Wir fahren zunächst ganz in den Süden ans Meer, und machen hier eine Frühstückspause.

Ein Mahnmal dargestellt aus vier Metallwellen und einer Steintafel, soll an den Tsunami der hier im Dezember 2004 gewütet hat, erinnern. 13 Flutwellen trafen die Insel ohne jegliche Vorwarnung. Der Grund für den Tsunami war das Erdbeben vor Sumatra, welches mit einer Stärke von 9,1 das drittstärkste seit Beginn der Aufzeichnungen von Erdbeben war. Es wurden dadurch Flutwellen ausgelöst, welche in alle Himmelsrichtungen ihren mörderischen Lauf nahmen. Unser Guide erzählt, dass schon Tage vor der Welle viele Wild- und Haustiere zu wissen schienen, was passiert. Hunde weigerten sich, vor die Tür zu gehen, Flamingos verließen selbst ihre Brutstätten und Zootiere verkrochen sich in ihre Unterstände. Tiere spüren, wenn die Erde sich schüttelt, sie hören oder fühlen mit ihren Sinnen die herannahende Katastrophe. Die riesigen Wellen rollten auch hier 1,6 Kilometer weit in das Land hinein. Relativ wenige Tiere wurden getötet, aber 60 Besucher, die im Park, wie wir heute eine Safari machten, wurden von der Welle erfasst und starben.

Nach dem Essen gehe ich ein Stück am Strand entlang, weiter hinten, wo kein Mensch mehr ist, steht an einer kleinen Landzunge eine riesige Felsformation. Als ich aber auf den Strand schaue, sehe ich am Boden angespült, noch immer die Reste des Unglücks. Zahnbürsten vereinzelte Schuhe, Flaschen und andere kleine Dinge liegen am Strand. Mir läuft ein wahrer Schauer über den Rücken. Ich blicke auf das Meer, es strahlt so ein Gefühl von Ruhe und Frieden aus und trotzdem wird mir unheimlich und ich gehe schnell zurück.

Anders als in den weiten Savannen und Steppen Afrikas sind die Safaris in Sri Lanka nicht durch den Anblick auf große Herden und Raubtierfamilien, die müde ins

Objektiv blinzeln, gekennzeichnet. Die Entfernungen sind kurz, die Erlebnisse umso plötzlicher.

Ein Storch schnappt in einem trüben Tümpel nach Fröschen, Kormorane sitzen auf abgestorbenen Bäumen mitten im Sumpf. Und so brechen unerwartet zwei riesige Elefanten aus dem dichten Wald auf den Weg. Der Fahrer drückt scharf auf die Bremse. Wir dürfen die Tiere nicht reizen, und sollen uns ganz still verhalten. Sie traben auf die andere Seite des Weges, ohne große Notiz von uns zu nehmen. Haben sie aber Junge, kann es schon etwas gefährlich werden. Ein Wildschwein rennt mit schnellem Schritt über die sumpfige Landschaft und ein Pfau stellt sich in seiner vollen Pracht mitten auf den Weg, als wolle er uns begrüßen. Damwild grast im hohen Gebüsch. Affen sitzen wartend, wie alte Tramper am Wegrand.

Unser Fahrer rüttelt uns über Schlammlöcher und Bachbetten. An einem braunen Flussbett machen wir nach drei Stunden Fahrt eine Mittagspause. Auf der gegenüberliegenden Seite löschen ein paar wilde Büffel ihren Durst und zwei Krokodile halten Mittagsschlaf. Alle hoffen immer noch darauf, einen Leoparden zu sehen. Unser Guide macht uns Hoffnung, da am Nachmittag die Chancen höher stehen, eines der schwer fassbaren Wesen in ihrem natürlichen Lebensraum zu begegnen. Nach einer Stunde langsamen Fahrens durch die Gegend, knarrt es auf einmal am Walkie Talkie, man hat einen Leoparden entdeckt. Zehn Jeeps stehen jetzt an einer Stelle und alle gucken mit ihren Ferngläsern auf einen Punkt. Hinter dem Flussbett auf einem Baum liegt, als hätte man ein Fell zum Lüften auf eine Astgabel gelegt, ein Leopard.

Alle sind recht aufgeregt. Nach einer halben Stunde warten, springt das Tier vom Ast und gleitet mit eleganten Schritten über die Graslandschaft. Sein Fell ist rehbraun, mit großen Rosetten auf dem Rücken bis hinunter zu den Beinen. Jetzt herrscht absolute Stille in allen Autos. Der Leopard verschwindet nach weiteren zehn Minuten im Gebüsch. Die Jeeps, versuchen sich zu entknoten, da jeder aus einer anderen Richtung kam. Zwei Jeeps fahren jetzt gemeinsam die Schotterpiste entlang, da kommt direkt noch ein gewaltiger Leopard schräg auf uns zu. Ich halte den Atem an. Er überquert die Straße und läuft parallel ein Stück dort entlang. Ganz ruhig verfolgen wir ihn. Unser Guide sagt zum Fahrer, er soll den kleinen Weg rechts abfahren. Da plötzlich taucht er noch einmal auf, ganz nah und ganz schön. Ich kann und will jetzt nicht fotografieren, will nur den Anblick dieses wunderschönen Tieres mit seinem beige-gelben Fell und dem schwarzen Tupfen Muster genießen. Wir haben ihn jetzt ganz für uns.

Der Leopard tötet seine Beute durch einen Nacken- oder Kehlbiss. Gleich nach dem Erlegen reißt er dem Tier den Bauch auf, zerrt sich die Innereien heraus und vergräbt diese. Den Rest der Beute schleppt er auf einen Baum, wo er sich dann tagelang davon ernährt. Mit zwei, drei Monaten beginnen die Leopardenbabys, sich für Fleisch zu interessieren. Die Körperlänge eines ausgewachsenen Tieres erreicht bis zu 150 Zentimeter, und ist somit in Sri Lanka größer als in anderen Verbreitungsgebieten.

Einzig in Sri Lanka, wo die Leoparden seit Urzeiten keinen natürlichen Feind, wie den Löwen haben, verhalten sie sich hier recht unbesorgt, und sind deshalb auch mal am Tage zu sehen.

Es wird Zeit den Park zu verlassen. Es ist dunkel, als wir im „Lake View" ankommen. Bei einem Gläschen Arrak, erzählen wir am Abend unseren Gastgebern von unserem erfolgreichen Tag.

Egal ob arm oder reich, in Sri Lanka mögen alle zum Frühstück „String Hoppers". Nun könnte man denken, das wäre eine morgendliche Ertüchtigung, bei der man von einem String zum anderen hopst oder eine Art „cheese hopper" - die Larve einer Käsefliege, die man zum Frühstück verspeist. Nein, es ist ein traditionelles Frühstücksgericht aus Reisnudeln. Diese werden zu Kugeln geformt und gedämpft, dazu gibt es einen Curry.
Nach dem Essen verabschieden wir uns von Ina und Peter. Mit dem Bus fahren wir nach **Mirissa**. Ungefähr drei und eine halbe Stunde Fahrt.

„Ocean Moon" hört sich gut an, hier wollen wir uns ein paar Tage am Meer erholen.
Eine kleine Pension, ein Zimmer mit Balkon und dem Blick auf den Indischen Ozean. Eine sichelförmige flache Bucht, Kokospalmen hängen tief nach unten gebückt über den Strand. Das Erlebnis tropischer Sonne zeigt sich hier von der besten Seite. Mit einer Mischung aus Arrak und Cola liegen wir bei einer warmen Meeresbrise auf den Holzsonnenbänken am Strand und lauschen dem Rhythmus der schlagenden Wellen.

Eigentlich will man hier gar nicht weg. Es sind nur wenige Menschen am Strand. Wir nehmen unser Frühstück mit ans Meer. Der Wind der Nacht ist abgeflaut und die Sonne erstrahlt mit ihrem weißgoldenen Gesicht am blauen Himmel.
Mittags, versuchen wir mit einem Bus nach Weligama zu fahren. Sie sind alle überfüllt. Der dritte Bus nimmt uns endlich mit. Hier befindet sich eine kleine Gemeinde singhalesischer Fischer, die noch ausgeprägt nach alten Kastenritualen leben. Sie haben eine eigenartige Art zu

fischen. Sie sitzen auf Stelzen, die im Wasser stehen und werfen von dort ihre Netze ins Wasser. Wir gehen dann weiter auf der Straße an einem Fischmarkt vorbei. Ein Mann nimmt uns mit zu sich nach Hause. Seine Familie besitzt eine kleine Batikfabrik. Das Muster wird auf dem Stoff oder Seide vorgezeichnet, die Stellen die nicht gefärbt werden sollen, sind mit Wachs bedeckt. Das wiederholt sich für jede Farbe und jedes Muster. Zum Schluss wird das Wachs herausgekocht. Eine mühselige Arbeit. Wieder zurück am Strand, befindet sich dort ein verlassenes Hotel, welches seit dem Tsunami leer steht. Gleich dahinter weht eine bayrische Flagge im Wind. Wir gehen dorthin. Da sitzt Eddy, ein Aussteiger, 65 Jahre alt. Er hat hier eine kleine Tauchschule. Als der Tsunami kam, war er gerade auf einer Anhöhe auf der Straße und hatte Glück nicht von der Welle erfasst worden zu sein. Wir trinken zusammen eine Cola, quatschen über den Tsunami, die Tamilen und das Leben auf der Insel.

Der Wind ist heute Morgen wieder etwas frisch. Das Liegen am Strand hätte mich heute fast das Leben gekostet. Rainer wollte unser Frühstück an den Strand holen, als sich haarscharf neben mir eine Kokosnuss in den Sand bohrt.
Hier in Sri Lanka ist die Kokospalme jedoch als Lebensbaum ernannt. Er liefert Öl zum Braten, Saft zum Trinken, Milch zum Kochen, Stroh zum Dächer decken, Matten- und Haushaltsgeräte herstellen, und natürlich unser geliebtes Bounty. Die Fasern werden zu Seilen verarbeitet, die Schale gekokst, und dann zu Brennmaterial verarbeitet.

Die Fahrt führt uns heute nach **Galle,** die von Mauern umgebene Stadt. Sie teilt sich in die Neustadt und das Fort. Es ist die einzige sehenswerte Stadt in Sri Lanka.

Im Jahre 1640 war es, als die Holländer mit 12 Schiffen und 2.000 Mann Besatzung über den Indischen Ozean in der Küstenstadt landeten. Nach einer viertägigen Belagerung erlitten mit List und Tücke die Portugiesen eine fürchterliche Niederlage. Sie bauten die Türme und Mauern zu einer gewaltigen Linie der Verteidigung um. Elf Bastionen ragen aus den Mauern hervor. Ungeachtet des rollenden Flusses von Zeit und Veränderung hat Galle sich noch immer eine Atmosphäre der Vergangenheit bewahrt. Trotz des jüngsten Face Lifts der Fassaden vieler Häuser und die Einführung weiterer bürgerlicher Annehmlichkeiten, wie Strom, Telefon Entwässerung, bleiben die Straßen eng. Die alten Häuser sind geräumig, hell und mit großen dekorativen Fenstern und Türen ausgestattet. Kühle Innenhöfe beherbergen kleine Gärten und Holzveranden. Hier werden kostbare Edelsteine, wie der blaue Saphir oder Rubine verarbeitet. Einen großen Kontrast zum Fort bietet die Neustadt mit ihren überfüllten Gemüse- und Obstständen, Teestuben, bunte Viertel mit kleinen Läden und quirligen Straßen.

Am Busbahnhof stehen die Schreihälse, die Mitfahrer für ihre Minibusse suchen.

Zum Abendessen gibt es heute Haifisch.

Ein Morgenspaziergang führt uns an das östliche Ende der Bucht. Der Zauber der Tropen kommt hier mit seinen weit ausladenden Palmenwedeln, dem türkisen Meer, dem blauen Himmel und dem weißen Sand voll zur Geltung. Ich lehne mich an eine Palme und schaue dem fern auf dem Meer fahrenden Lastensegler hinterher. Ein paar

Jahrhunderte sind sie entfernt, die Tage der großen Seefahrer. Wir reisen heute endgültig von der traumhaften Bucht weiter. Es geht weiter nach Bentota.

Von Weligama fahren wir mit dem Zug. Der Zug ist wie immer voll. Die Familie mit den drei Kindern, zwei davon schreiend, rutscht etwas zusammen, und so finden wir mehr oder weniger Platz. Uns schräg gegenüber, unbeachtet der Lautstärke, schnarcht ein alter Mann leise vor sich hin und von Zeit zu Zeit kaut er die Luft, die in ihn eindringt.

Aus einem verschlafenen Fischerdorf hat sich in den letzten 40 Jahren ein „erstklassiger" Ferienort entwickelt. **Bentota** an der Südwestküste des Landes gelegen ist mit seinen Bilderbuchstränden und gut ausgestatteter Infrastruktur zu einem der beliebtesten Urlaubsziele aus aller Welt geworden.


Ein starker Monsunregen prasselt auf die Erde nieder, wobei sich eine angenehme Kühle auf meiner überhitzten Haut ausbreitet. Ein Tuk Tuk Fahrer bringt uns zu einem Hostel, nur 200 Meter vom Bahnhof entfernt.

Im „Lucullus Garden", empfängt uns eine freundliche Frau und begleitet uns gleich hoch in unser Zimmer. Triefnass pellen wir unsere angeklatschten Sachen vom Körper und genießen bei einer Tasse Tee auf der überdachten Terrasse das wilde Gezwitscher der Vögel. Später machen wir uns auf den Weg durch die Stadt. Dabei entdecken wir einen Anschlag, dass heute ein Zirkus stattfindet. Auf dem schlammigen Platz geht es zum Kassenhäuschen. In zehn Minuten beginnt die Vorstellung. Als wir das Zelt betreten, haben wir das Gefühl in eine andere Zeitepoche einzusteigen. Die steil aufwärts ragenden Sitzplätze und aus Stangen und Balken zusammen gezimmerten Bänke, machen einen nicht sehr sicheren Eindruck von Stabilität. Als der erste Clown in die Manege tritt, setzen wir uns vorne in die Loge, denn auf den schmalen Stangen halten wir das Sitzen nicht länger aus. Wir verstehen den Clown natürlich nicht, aber alle anderen Leute lachen herzlich. Dann wird ein rostiges Seil an zwei Enden an einem Balken fest gezerrt. Ein Hochseilartist mit einem bunten Schirm balanciert von links nach rechts über das Seil. Anschließend fährt der Mann mit einem Rad über das Seil. Akrobatik an einer von zwei Männern gehaltenen Stahlstange folgt. Nach der Hunde- Show und dem Schlangenbeschwörer gibt es eine Pause. Vor dem Zelt steht ein Mann, der mithilfe seines Fahrraddynamos Strom erzeugt und Zuckerwatte herstellt. An einem Stand dampft aus einem heißen Kessel Reis mit Kokosmilch wobei sich der Duft über den gesamten Platz verbreitet. Wir kosten eine Portion, die wirklich sehr lecker schmeckt.

Mit unseren französischen Nachbarn begeben wir uns heute zu einer Bootstour auf den Bentota Fluss. Auf den Bäumen am Ufer liegen faul Salamander, die so groß wie Krokodile sind. Warane, Weißkopfadler und Kormorane fliegen über die Lagune. Seerosen in allen Farben leuchten über dem Wasser. Kleine Krokodile huschen ins Wasser. Ein junger Mann steuert auf uns zu. Im Boot hat er ein Babykrokodil. Er legt es mir auf den Kopf. Das Kleine reißt ganz schön sein Maul auf. Nachdem Rainer ein Foto gemacht hat, möchte der Mann natürlich Geld haben. Sugar unser Bootsführer macht uns Frauen eine Kette aus Lotusblüten. Mangroven mit meterhohen Wurzeln streben dem Tageslicht entgegen. Sugar erzählt, dass der Tsunami mit einer sechs Meter hohen Welle hier sein Haus überschwemmt hat und das Wasser 25 Minuten gebraucht hat bis es zurück gewichen ist. Wir fahren noch zu einer Schildkrötenfarm. Da die Kleinen beliebtes Futter von Vögeln und Fischen sind, schaffen es, von 1.000 geschlüpften Tieren, ein bis drei den Weg zum Erwachsenwerden. Aber auch Eierdiebe leisten ihren Beitrag und sorgen dafür, dass die Nachfrage nach Schildkröteneieromeletts gedeckt wird.

Die Aufzucht- und Pflegestation beherbergt aber auch Schildis, deren Flossen in eine Schiffsschraube gekommen sind oder anderwärtig Gliedmaßen verloren haben. Besonders interessant ist die Albinoschildkröte, die ganz weiß, und der Panzer grün ist.

Heute am Sonntag kommen auch die Einheimischen zum späten Nachmittag an den Strand. Die Kinder und einige Männer gehen ins Wasser. Frauen sitzen in kleinen Kreisen zusammen, erzählen sich etwas oder buddeln mit den Kindern im Sand.


Unser Flieger startet heute Abend von Colombo. Nach dem Frühstück gehen wir noch ins Ayurveda Zentrum. Rainer liegt neben mir im Zimmer. Die in Kräuterlöl eingebetteten Hände der Masseurin gleiten sanft über meinen Körper. Im Raum liegt ein seidiger Geruch von Räucherstäbchen. Entspannt verlasse ich den Raum.

Die Sonne brennt wie glühendes Eisen, Schutz suchend im Schatten einer Palme, warte ich, bis auch Rainer mit seiner Behandlung fertig ist. Im Restaurant essen wir etwas bis sich ein Deutscher zu uns setzt und erzählt, dass er morgen in ein Kinderheim, weit ins Landesinnere fährt. Ich gehe schnell in unser Hostel, packe noch einmal meinen Rucksack aus und sortiere eine große Tüte Sachen aus, die ich dem Mann dann mitgebe.

Diesmal ist Platz im Zug. Kokospalmen ziehen am Zugfenster vorbei, und ich habe das Gefühl, man fährt auf dem Meer, so nah liegen die Gleise am Wasser. Wasserbüffel liegen gemächlich auf den Schienen.
Von dem herannahenden Zug, lassen sie sich nur wenig beeindrucken. Quietschend muss der Zug bremsen bis sie sich schleppend von den Schienen erheben. Aber auch hier wieder lebt an den Gleisen die Armut in den selbstgebauten Hütten sind Leben und Tod dicht beieinander, wie ein Spiel mit einem Ball, der hin und her geworfen wird. Und so tragen die Paradiese dieser Erde oft schwere Probleme mit sich, denen man auch offen begegnen sollte. Am Bahnhof nehmen wir uns ein Taxi zum Airport. Wir starten mit Verspätung und machen leider im Dunkeln, einen Zwischenstopp auf den Malediven.

Einige Jahre später fahre ich mit Sina, meiner Tochter noch einmal nach Sri Lanka. In Colombo angekommen, nehmen wir gleich den Zug weiter in den Norden, nach Anuradhapura. Die Hostels sind alle ziemlich ausgebucht. Aber dank unseres Tuk Tuk Fahrers finden wir eine sehr nette Unterkunft mit einer Terrasse und grünem Garten. Wir bestellen gleich einen Papayashake. Der Küchenjunge klettert auf den Baum, direkt neben unserem Zimmer und holt eine Frucht herunter. Das nenne ich frisch zubereitet.

**Anuradhapura**, die Stadt, deren Gründung um 400 v.Chr. angesetzt wird, war über tausend Jahre lang Zentrum verschiedener singhalesischer Königsdynastien und ist

auch heute noch Pilgerziel für viele Buddhisten mit ihren bedeutenden archäologischen Ausgrabungsstätten.
Der heilige Bodhi-Baum und mehrere Dagobas (Stupas) sind die Hauptanziehungspunkte.

Wir gehen in die Stadt und wollen etwas essen. Restaurants für Traveller gibt es hier nicht. Also gehen wir über den Supermarkt zum Chinesen. Eine große Halle, Neonlicht, fünf Kellner ein Chef und keine Gäste. Die Speisekarte hört sich gut an und wir bleiben. Bei jeder kleinen Bewegung unsererseits oder Augenkontakt springt ein Kellner zu uns, und will uns bedienen, dabei amüsieren wir uns über die Eifrigkeit des Personals.

Mit gemieteten Rädern fahren wir zunächst zum heiligen Bodhi Baum. Mit seinen 2.000 Jahren, ist dieser wohl der älteste Baum auf der Insel. Heute am Sonntag kommen alle in Weiß. Es wird gebetet, gesungen und Opfergaben abgegeben. Wir radeln weiter.
Durch das Grün der Bäume, verschmolzen mit den leicht grauen Wolken entdecken wir die Kuppel der gleißend weißen Thuparama Dagoba. Kopfbedeckung runter, Schuhe aus, werden wir am Eingang ermahnt. Dann fahren wir immer der Nase nach und entdecken eine Dagoba oder andere Ruinenreste einer großen Epoche. An einer Hütte, die droht einzustürzen, gucken eine alte Frau und ihr Enkel aus ihrem glaslosen Fenster. Wir halten an. Ich gebe dem Kind einen Stift, ein Heft und einen dicken Keks vom Bäcker. Dankend nimmt die alte Frau das Geschenk entgegen, und gibt es ihrem zurückhaltenden Enkel. Diese Augen der Kinder hier sind unglaublich. Sie durchdringen dich mit ihren großen strahlenden braunen Augen. Immer wieder fasziniert mich der Anblick dieser Schönheit.

An einem Stand möchte Sina eine Kokosnuss haben, aber eine braune harte. Der Verkäufer versteht nicht, dass wir diese geöffnet haben möchte. Normalerweise werden nur die grünen zum Trinken aufgebrochen und von den braunen Nüssen nimmt man das Harte zum Kochen. Wir wollen das aber so essen. Nachdem ein Mann anhält und dem Verkäufer erklärt, was wir wollen, öffnet er mit dem Saft rausspritzend die Nuss. Der Affe oben in den Bäumen hat beobachtet, dass der Verkäufer beschäftigt ist, und klaut sich blitzschnell einen Schokoriegel aus dem Regal. Weiter am Grand Hotel, werden Safaris in den Wilpattu Nationalpark angeboten.

Nach langen Diskussionen und Beteuerungen, dass alles im Preis von 60,-€, ein englischer Guide, Eintritt und der Jeep mit dem Fahrer enthalten ist, zahlen wir zunächst an. Da wir um 5.00 Uhr aufstehen müssen, geht es zeitig ins Bett. Neben uns findet allerdings ein singhalesisches Familientreffen statt. Ein Mann trifft sich hier mit weiteren 12 Angehörigen seiner Familie, die in die Schweiz ausgewandert sind. Da wird die halbe Nacht laut erzählt und gelacht.

Der **Wilpattu Nationalpark** ist nicht nur der größte Nationalparks Sri Lankas, er ist auch einer der am stärksten von dichtem Dschungel durchsetzten Park des Landes. Vor einem Besuch eines Nationalparks in Sri Lanka muss man sich vor Augen halten, dass man nicht die Erwartungshaltung an eine afrikanische Safari haben kann. Der Park war lange Zeit wegen terroristischer Anschläge von Tamilen geschlossen. Seit 2010 ist er nun wieder geöffnet.

Punkt 5.30 Uhr steht der Fahrer vor der Tür. 40 Kilometer sind es bis zum Park.

So wie bei uns mit einem Reh gekennzeichneter Wildwechsel, gibt es hier ein Schild nur mit einem Elefanten. Der Fahrer sagt plötzlich, dreht euch um, und tatsächlich laufen in den frühen Morgenstunden zwei dicke Elefanten quer über die Straße. Wir biegen von der Hauptstraße ab. Überall auf der Straße liegen Rudel von Hunden auf dem Weg. Schläfrig springen sie beim Heranfahren auf. Am Eingang des Parks blickt uns der lebensgroße Leopard auf dem Schild entgegen. Ich bin sehr gespannt, ob wir ihn sehen. Gestern hat er sich gezeigt, aber in der Nacht hat es geregnet und da bleiben sie meist versteckt. Ein Englisch sprechender Guide ist gerade nicht mehr verfügbar und unser Fahrer spricht die Sprache nicht. Wir diskutieren und debattieren, bis uns einer zur Verfügung gestellt wird. Das bunte Urhuhn rennt uns ständig über den Weg, Pfauen, Rehe und Wildsäue sind zu sehen. Nach dem Frühstück frisst sich der Jeep mit seinem Allradantrieb durch tiefe Wasserlöcher. Weiter geht es halb durch einen See, wo gemächlich ein riesiges Krokodil sich nicht aus der Ruhe bringen lässt. An einem anderen See badet ein Elefantenbulle. Wir fahren enge Wege durch den dichten Dschungel. Nach der Mittagspause entdeckt unser Guide auf dem Weg Leopardenspuren. Wir sind völlig aufgeregt. Aber nach einem halben Kilometer verlieren sich die Spuren rechts im Gebüsch. Es nieselt und da besteht kaum die Chance, dass sich der Leopard noch mal blicken lässt. Leguane, Sambahirsche, Nashornvögel und eine aus dem kleinen Tümpel blickende Schildkröte, ist alles, was wir noch sehen. Sieben Stunden sind wir umhergefahren und waren doch enttäuscht, den Leoparden nicht erblickt zu haben. Unser Guide verspricht, mir die Fotos zu senden, die er einige Tage zuvor vom Leoparden gemacht hat.

Am Abend unterhalten wir uns noch mit Gero, dem deutschen Buddhisten, der sich ebenfalls in unserer Unterkunft aufhält.

Mit einem Minibus geht es heute nach Dambulla. Da der Bus keinen Gepäckraum hat, müssen wir für unsere Rucksäcke auch ein Ticket bezahlen, da sie einen ganzen Platz besetzen. Die Preise für den öffentlichen Verkehr sind aber so gering, dass wir noch zwei Plätze belegen könnten und weniger zahlen als für einen Einzelfahrschein der BVG.

Da wir von unserem Vormieter vermittelt wurden, wartet auch schon der Inhaber des Rainbow Hostels am Busbahnhof auf uns. Leider haben es sich die Gäste, die heute abreisen wollten anders überlegt, und bleiben noch. Janaka fährt zu einem Freund. Das Zimmer hier ist eine Baustelle. Die Wasserleitung ist gestern gerissen, da musste einiges aufgestemmt werden. In drei Stunden ist alles fertig. Nein, das glaube ich nicht, und so fahren wir noch einige andere Unterkünfte ab, bis wir uns für eins entscheiden. Ein großes Anwesen, aber wir sind ganz alleine dort. Es wird von einem alten Ehepaar seit 25 Jahren geführt. Die beiden haben die Zeichen der Zeit jedoch noch nicht erkannt. Sie erzählen diverse Gruselgeschichten über die Tuk Tuk Fahrer. Wir wollen nur eine Nacht bleiben und morgen ins „Rainbow" umziehen. Janaka soll uns um 9.00 Uhr abholen. Da das Zimmer ungemütlich und muffig ist, gehen wir gleich los zu den Höhlentempeln.

**Dambulla** bildet den geografischen Mittelpunkt der Insel und ist ein eindrucksvolles Pilgerziel. Hinter der großen vergoldeten Dagoba beginnt der etwas schweißtreibende Aufstieg über zahlreiche Felsenstufen. Hat man sich schon ein Stück in der glühenden Hitze hinaufgequält, wird man auf einem großen Schild darauf hingewiesen, dass man sich unten am Eingang des Museums eine Eintrittskarte kaufen muss. Sina erbarmt sich und steigt noch einmal hinunter. Der „Goldene Tempel von Dambulla" ist seit 1991 Weltkulturerbe.

Vor mehr als 2.000 Jahren haben Mönche fünf Höhlen in den 100 Meter hohen Granitfelsen gehauen. Die größte und prächtigste beeindruckt mit sechzig Buddha Statuen in verschiedenen Stellungen. Decken und Wände sind vollständig von farbigen Malereien bedeckt, die das Leben Buddhas erzählen. Die ältesten Kunstwerke stammen aus vorchristlicher Zeit. Das Höhlenkloster wird noch heute von Mönchen bewohnt. Auch hier steht wieder ein mit bunten Wimpeln geschmückter Bodhibaum, der heilige Baum des Buddhismus. Von der Höhe des Felsrückens aus geht der Blick weit über das grüne Land.

Man kann sogar bis zum großen Sigiriya-Felsen hinüber sehen. Seerosen werden oft als Opfergabe abgegeben, aber Vorsicht, der Saft der Blüten ist ein Lieblingstrunk der Affen. Sie greifen regelrecht an und reißen den Leuten ganze Sträuße aus der Hand. Einige Wissende haben diese mit Plastiktüten überzogen. In einem Gartenrestaurant gehen wir etwas essen. Wir sind die einzigen Gäste und so unterhalten wir uns mit den Betreibern. Die Frau öffnet ihren zum Knoten befestigten Zopf. Er geht ihr bis zur unteren Hälfte der Wade. 12 Jahre hat sie die Haare wachsen lassen. Eine zwei Meter lange Schlange schlängelt sich derweil durch den Garten. Sie ist nicht giftig und die Koreaner essen diese auch, erzählt uns der Restaurantbetreiber.

Wir besuchen noch das städtische Krankenhaus, und auch hier, wie ich schon öfter in Asien gesehen habe, gibt es keine Fenster, sondern nur Öffnungen. Warum das so ist, konnte ich noch nicht in Erfahrung bringen. An einem Bäcker, der gerade riesige Bleche Kuchen in große Stücke schneidet, bleiben wir stehen. Die beiden Verkäufer begreifen mal wieder nicht was wir wollen. Aber es gesellt sich ja immer jemand dazu, der etwas versteht. Ich kaufe ein DIN A4 großes Stück Schokoladenkuchen, das 0,52 € kostet.

Die Nacht war schrecklich, stickig und mückig. Überall hingen Spinnengewebe und der Ventilator an der Decke knatterte laut.

Es regnet seit den frühen Morgenstunden und als wir aufstehen, prasselt der Regen weiter vom Himmel. Kondensierter Wasserdampf hängt in kleinsten Schwebeteilen in der Luft. Um 9.00 Uhr kommt Janaka mit seinem TukTuk angefahren, und erzählt uns, dass seine Gäste aufgrund des Regens noch einen Tag länger bleiben.

Kurz entschlossen, beschließen wir nach Polonaruwa abzureisen. Janaka fährt uns zum Busbahnhof.

Als wir ankommen werden wir auch hier wieder auf Empfehlung von ihm vom Busbahnhof abgeholt und ins „Leesha Tourist Home" gebracht. Im Hostel eingetroffen, erzählt uns eine Schweizerin, dass um 14.00 Uhr eine Safari in den Kaudulla Nationalpark startet. Es regnet immer noch in Strömen.

Ein alter Jeep steht dann mit einer halben Stunde Verspätung vor dem Leesha. Die Schweizerin und noch zwei Tschechen sind unsere Begleiter.

Wer Elefanten in großen Horden sehen möchte, muss unbedingt eine Safari durch den Kaudulla Nationalpark machen.

Um zu hupen, muss unser Fahrer immer zwei Dråhte zusammendrücken und der Scheibenwischer funktioniert nur, wenn er oben gegen einen Kasten schlägt. Aber durch den dicken Schlamm und die tiefen Wasserlöcher kommt er problemlos durch. Es dauert nicht lange, bis sich die ersten Dickhäuter zeigen. Ruwan, unser Fahrer, fährt seit 12 Jahren hier durch den Park und weiß, wo sich die Elefanten aufhalten. Zunächst sehen wir eine Horde von ca. 20 Tieren. Sie reißen das Gras aus dem Boden schlagen es auf ihren Füßen aus, da sie ja Vegetarier sind und kein Fleisch essen, muss alles Getier aus dem Gras entfernt werden. Als wir am Kaudulla See ankommen, sehen wir auf der linken Seite einen riesigen grauen Fleck. Es ist eine Horde Elefanten von ungefähr 110 Tieren. Langsam bewegen sie sich mit ihren schweren Körpern, einer nach dem anderen ins Wasser und kommen schräg, wie eine graue Flutwelle über den See, zu uns hinüber. Ein kleines zwei Wochen altes Baby ist auch dabei. Bei der Geburt wiegt es um die 100 Kilogramm. Die Herde besteht nur aus Damen und den Kälbern aller Altersstufen. Bis ungefähr zum zehnten Lebensjahr bleiben die männlichen Kinder bei der Mutter. Dann schließen sie sich zu Jung-gesellenverbänden zusammen. Mit 20 Jahren erreichen sie die Geschlechtsreife, und stromern als Einzelgänger durch die Gegend. Dann bleiben sie aber in der Nähe einer Horde, denn sie riechen, wenn eine Kuh paarungsbereit ist. Sie sucht sich nun, nach einem Gerangel den stärksten Mann aus und legt ihren Rüssel auf den Rücken des Mannes, zur Bekundung sich paaren zu wollen. Elefanten-kühe können bis zu zehn Babys im Leben zur Welt bringen. Wenn sie später unfruchtbar sind, übernehmen sie die Funktion der Tante, Hebamme oder Aufpasserin.

Der Jeep steht ganz nah bei den Tieren, und Ruwan ist immer zur Abfahrt bereit, falls eine der Mütter über unseren Besuch nicht sehr erfreut ist. Auf der anderen Seite hören und sehen wir, wie eine Elefantenkuh die Ohren aufstellt, den Rüssel hin- und herpendelt und laut trötend auf die Jeeps losrennt. Diese legen sofort den Rückwärtsgang ein. Wir können die Herde weiter in Ruhe beobachten. Das kleine Baby will jetzt bei seiner Mutter trinken. Geschickt legt es den Rüssel beiseite, um mit dem Maul am Gesäuge, welches sich zwischen den Vorderbeinen befindet, zu saugen.

Wieder hängen giftig schweflig dunkel aussehende Wolken am Himmel, die den nächsten Monsunregen ankündigen. Die Wärme des Tages verlässt die Landschaft. Ruwan muss die Plane des Jeeps schließen, kann sie aber kurze Zeit später wieder öffnen.

Es hat die ganze Nacht in Strömen geregnet.

Ein schmuddeliges Grau hängt am Himmel. Wir wollten ja schon von Dambulla auf den Felsen in Sigiriya.

Aber da es dort auch geregnet hat, und die Felsen dann sehr rutschig sind, haben wir es verschoben. Wenn wir aber heute nicht fahren, wird es gar nichts mehr. Um 10.00 Uhr sieht der Himmel ganz gut aus. Leesha nimmt uns beide auf seinem Motorrad bis zur Bushaltestelle mit. Im Bus müssen wir fast die ganze Zeit stehen. Die fleckige Hose meines Nachbarn, verströmt den Geruch fauligen Blumenwassers. An der Kreuzung nach Sigiriya steigen wir aus. Mit einem TukTuk Fahrer verhandeln wir über den Preis, da es jetzt noch so 10 km bis zum Felsen sind.

Eigentlich fahren die meisten Touristen hierher, um auf den Kasyapas Wolkenpalast zu steigen.

*Die Geschichte Sigiriyas begann vor 1.500 Jahren. Eine Geschichte von Königsmord und zwei verfeindeten Prinzen. Aus Angst vor der Rache seines Bruders habe Kasyapa seinen Palast auf der Spitze des Felsens errichtet.*

Von der Straße aus, sehen wir den, wie vom Himmel gefallenen über zweihundert Meter hohen Stein. Da gibt es aber gleich daneben in Pidurangala noch einen königlichen Platz der Verehrung Buddhas. Es ist der gleiche Ausblick, wie vom Wolkenpalast und kostet nur 1,70 € statt 30 Dollar. Unser TukTuk Fahrer, namens Kamal, bietet sich als Guide an, um uns den Weg zu zeigen. Wir sind froh, dass wir ihn mitgenommen haben. Er wollte kein extra Geld, nur sich die Rückfahrt sichern. Erst geht es Stufen hoch, auch hier ein liegender Buddha in einem Höhlentempel. Dann geht es weiter über und unter Felsen entlang. Die Aussicht von hier ist wahrscheinlich noch schöner, da wir auf den Wolkenpalast blicken können. Eine weiße Schlange von Gläubigen zieht sich entlang der Stufen und Treppen an der mächtigen Felswand hinauf. Der Blick auf den fast scheinbar unendlichen Dschungel ist überwältigend. Obwohl etwas dunstig, können wir doch den goldenen Buddha von Dambulla in der Ferne erkennen. Wir sind ganz alleine hier oben und drüben am Wolkenpalast drängeln sich die Touristen auf einer Plattform. Der Felsrücken, auf dem wir uns befinden, ist fast so groß wie ein Fußballfeld. Bei einem kleinen Picknick erzählt Kamal uns einiges über den Tamilenkrieg und über das Heiraten. Als wir fast wieder unten sind, schwindet das Blau des Himmels hinter aschgrauen Wolken. Gerade fünf Minuten im TukTuk sitzend, da prasselt schon wieder ein schwerer Monsun-regen auf unser kleines Fahrzeug. An der Bushaltestelle können wir noch im Fahrzeug sitzen bleiben bis der Bus kommt. Auf den zwei Metern bis zum Bus werden wir dann aber doch noch richtig nass. Während der Fahrt, auf der wir wieder eine ganze Weile stehen müssen, hört der Regen allmählich auf.

Abends hat Leeshas Koch wieder ein leckeres Essen mit vielen verschiedenen Schüsselchen zubereitet. Ich sinke in mein Kopfkissen, schließe die Augen und träume von lachenden Wolkenmädchen und trampelnden Elefanten-horden.

Der Wecker klingelt zeitig, da wir vor unserer Weiterreise nach Kandy noch die Ruinen von Polonnaruwa besuchen wollen. Wir mieten zwei Räder und fahren los.

Man könnte ja eigentlich denken, die Tickets gibt es am Eingang der archäologischen Stätte, aber wir haben mal wieder vergessen, in welchem Land wir uns befinden. Fast einen Kilometer schickt man uns jedoch zurück zum Museum, um dort ein Ticket zu kaufen.

Der Himmel sieht wieder etwas finster aus und Sina fragt am Einlass, wie das Wetter heute werden soll. Die Einlasser lachen und einer sagt, es wird so wechselhaft wie die singhalesischen Frauen.

Eingebettet in ein hügliges Waldgebiet liegt die nach Anuradhapura zweite altertümliche Hauptstadt. Im 12. Jahrhundert war sie eine der größten Städte Südostasiens, jedoch war ihre Blütezeit nur von kurzer Dauer. 1314 wurde die Stadt von den Tamilen überfallen und an-schließend dem Urwald und der Vergessenheit überlassen. Wir radeln los und halten an den noch teilweise recht gut erhaltenen Hindutempeln, Zitadellen, Kloster-anlagen und Dagobas, steinerne Zeugnisse tiefen Glaubens an. Ein massives „Stone Book", das etwa acht Meter lang ist und Inschriften und Angaben zum Krieg gegen Indien des damaligen Königs beinhaltet, beein-druckt ebenfalls. Am meisten aber hat mich der hoch aufragende Lankatilaka-Schrein fasziniert. Eine enorme Ziegelstruktur, in deren Innern am Giebel ein, wenn der Kopf noch intakt erhalten wäre, ca.12 Meter hoher Buddha thront. An den Wänden erkennt man die grandiose Bildhauerkunst der damaligen Zeit. Die Außenseite der strahlend weißen „Milch weiß Stupa" bildet einen enormen Kontrast, zum jetzt tiefblauen Himmel. Auch eine Steintoilette in Form der jetzigen Hock- WCs ist noch vollständig erhalten. Und am Ende unserer Tour sehen wir unter einem riesigen Felsvorsprung die vier in einen Granitblock gehauenen sitzenden, liegenden und stehenden Buddhas. Wie prächtig und groß mag diese fabelhafte Gartenstadt einst gewesen sein?

Überall stehen Schilder, dass man sich nicht mit dem Rücken zu Buddha fotografieren darf.
Auf der Weiterfahrt nach Kandy bin ich erstaunt, mit welchen gut ausgerüsteten Straßenbaufahrzeugen an den Straßen und Abwasserleitungen gebaut wird. Ich bin schon vorher überrascht gewesen, dass es in den Städten Fußgängerüberwege gibt und die Autos sich sogar daran halten und stoppen. In Kandy ist Rushhour und alle Hostels voll oder überteuert. Unser Tuk Tuk Fahrer spricht ein zweites Mal mit dem Manager vom Palm Garden, dessen Nachbar er ist. Durch einige Tauschereien be-

kommen wir ein Zimmer, für das wir heute mehr und morgen weniger zahlen müssen.

Wir klettern heute auf die riesige Buddha Statue, die über der Stadt thront. Auf dem Rückweg stoßen wir in einem Saftladen mit frisch gepressten Säften aus geheimnisvollen Früchten, wie dem Woodapple und dem Slim Apple, Weralus und Nellis, auf Rainers Geburtstag an.
Bei den Muslimen essen wir einen Roti und frittierte Dhalkugeln, besuchen den Zahntempel und schauen uns noch einmal die Kandy Tänzer an.

Tatsächlich hat der Manager vom Palm Garden es geschafft uns eine Reservierung für den Zug nach Hatton zu organisieren. Gestern auf dem Bahnhof schien es aussichtslos, eine Reservierung 2. Klasse zu ergattern. Unser Zug rattert um 10.13. vom Bahnhof Kandy los. Nach einiger Zeit breitet sich nun wieder die bunte Palette grüner Landschaften mit den dunkelgrünen Teeplantagen, dem Grün der Palmen und dem hellen Grün der Reisfelder, entlang der Bahnlinie aus.
Wir steigen in Hatton aus. Vor dem Bahnhof steht gleich ein Bus nach Dalhousie.

Dalhousie ist ein kleines Dörfchen im südwestlichen Hochland Sri Lankas, 30 km vom Bahnhof in Hatton entfernt, welches malerisch an einem Fluss inmitten von Teeplantagen liegt.
Wir fahren mit dem Bus und sehen dann schon von weitem die Spitze des Adam's Peak. Pyramidenförmig erhebt sich der Gipfel des Einzelfelsens über die umliegenden Berge.

Eine der größten Wallfahrten Sri Lankas findet in der Zeit von Ende Dezember bis April statt, die Besteigung des Berges Adam's Peak. Auf dem Gipfel des Adam's Peak, dem vierthöchsten Berg Sri Lankas, befindet sich ein 150 cm langer und 70 cm breiter Fußabdruck, weswegen der Berg auch Sri Pada (Heiliger Fußabdruck) genannt wird.

Seit Jahrtausenden pilgern gläubige Buddhisten, Hindus, Muslime und Christen den beschwerlichen Weg zum Gipfel hinauf. Und obwohl alle Religionen den Abdruck anders interpretieren, laufen sie gemeinsam und friedlich den Berg hinauf. Nach hinduistischer Vorstellung hinterließ der Gott Shiva den Fußabdruck. Die Buddhisten in Sri Lanka glauben, dass dieser Fußabdruck von Buddha ist. Und solange man sich nicht darum streitet, soll jeder denken, was er will.

Wir steigen vor dem Achinika Guesthouse aus und melden uns an. Hier hatte Sina vorsichtshalber vorher reserviert, da jetzt zur Wallfahrtszeit die meisten Gasthäuser ausgebucht sind. Unser Zimmer hat eine Terrasse mit schönem Ausblick. Wir machen noch eine kleine Wanderung durch die Teeplantagen und essen etwas auf dem Dachgarten des Achinika. Die Farben des sich verdunkelnden Himmels sind von schauriger Schönheit geprägt. Eine leuchtende Linie, die sich bis zur Spitze des Berges nach oben windet, kommt nun zum Vorschein. Es ist der beleuchtete Weg, der nach oben auf den Adams Peak führt.

Mit einem flauen Gefühl im Magen in sechs Stunden aufzustehen, und die 5.200 Stufen dort auf diese Spitze zu steigen, gehen wir ins Bett.

Um 1.40 Uhr klingelt der Wecker, da ich sowieso die meiste Zeit wach gelegen habe, bin ich froh, endlich aufstehen zu können. Schnell ein paar Instantnudeln mit lauwarmen Wasser übergegossen, nehmen wir ein paar Kohlenhydrate zu uns. Um 2.15 sind wir startklar, und gehen hinaus in die Finsternis. In der Kühle des Morgens dampft mein Atem, wie aus dem Rachen eines Pferdes. Zunächst müssen wir noch auf der Straße ein Stück nach Dalhousie laufen. Als der Asphalt einer planierten Straßenoberfläche Platz macht, führt der Weg nicht übersehbar, immer entlang der Verkaufsstände aus Holz und Plastikplanen am Rande des Pilgerweges. Viele sind schon geöffnet und versuchen jetzt in den frühen Morgenstunden, wo sich die meisten Pilger auf den Weg machen, ihr Morgengeschäft zu sichern.

Es folgt eine leichte Strecke durch Teeplantagen vorbei an buddhistischen Schreinen. Bei einem Mönch, der ein Gebet murmelt, und jedem einen weißen Faden umbindet, welches Glück für den Aufstieg bringen soll, halten wir an. Anschließend kann man noch eine Spende abgeben. Rechts ein liegender Buddha, und vor uns das Tor hinter dem die Stufen in den Himmel führen. Hier am Fuße des Berges sind die Stufen breit und nicht allzu steil. Sieben Kilometer und 5.200 Stufen liegen vor uns. Man sagt, dass ein gut durchtrainierter Wanderer 2-3 Stunden für den Aufstieg benötigt. Ich trinke an einer der Teestuben einen Kaffee, um meinen Kreislauf in Schwung zu bringen. Dieser braucht aber fast fünf Minuten, da erst heißes Wasser gekocht wird, dann der Kaffee durch ein Sieb gebrüht wird und anschließend auch noch scheußlich schmeckt. An der nächsten Teestube kaufen wir eine Cola. Die Stufen sind jetzt relativ kurz gehalten, gleichzeitig jedoch auch sehr hoch. Der gesamte Weg ist mit Neonröhrenlaternen beleuchtet. Man muss schon einige Verschnaufpausen einlegen, zumal die Luft hier oben auch immer dünner wird, und die Treppen steiler. Jetzt folgen Stufen mit einem Geländer, geteilt für die nach oben und die nach unten Laufenden. Viele Einheimische kommen tatsächlich auch schon herunter. Alte Frauen in Badelatschen, Greise und Väter mit ihren schlafenden Kindern auf den Armen. Die letzten 1.500 Stufen sind am beschwerlichsten, steil ohne eine Windung geht es hinauf. Eine letzte Teestube. Fast alle Pilger nehmen noch einen wärmenden Tee zu sich. Auch wir verschnaufen ein letztes Mal. Dann weiter, vorbei an Barfüßigen, an Alten, an Kindern, an Menschen in Daunenjacken gehüllt. Es ist ein schweißtreibender nach Luft ringender Anstieg. Wir haben es geschafft die Treppen in den Himmel in drei Stunden zu bezwingen. Noch einmal drehe ich mich um, und sehe das lange Lichterband bis tief ins Tal hinab.

Es ist ziemlich kalt hier oben und leider macht der Buddhismus selbst bei eisiger Kälte keine Ausnahme. Wir müssen unsere Schuhe ausziehen. Ich verzichte lieber auf den Anblick des Fußabdruckes, aber behalte meine Schuhe an. In einem Schlafsaal liegen zusammengekauert noch einige Pilger in ihren Schlafsäcken. Langsam gähnend klettern sie aber jetzt hinaus. Hunderte Menschen drängen sich nun auf die Plattform. Es herrscht absolute Stille, nur die Klänge der meditativen Musik erschallen mystisch über uns hinweg. Bunte Wimpel, Zeichen des buddhistischen Glaubens, flattern im frühen Morgenwind.

*„Wer die Musik der Seele hört, erkennt die Melodie des Lebens"*

(Swami Sivananda) buddhistische Weisheit

Schwer liegt der Nebel in den Tälern und taucht die Welt in ein geheimnisvolles Gewand. Der Himmel ist bewölkt und die aufgehende Sonne strahlt die Wolken in pink-farbenen Tönen an. Nach den Mühen des Aufstiegs, macht der Anblick im wahrsten Sinne atemlos. Allmählich erwacht ein Bergrücken nach dem anderen aus der Düsternis. Die Nebelschwaden unterhalb des Gipfels lösen sich nun langsam im Zauber der aufgehenden Sonne auf. Das Morgenrot steigt immer höher über die östlichen Bergketten. Hier in 2.243 m Höhe pfeift um 6.00 Uhr der Wind kalt über die Köpfe der Menschen. Meine Finger-kuppen sind wie abgestorben. Aber den Ausblick werde ich mein Leben lang nicht vergessen. Wie alle Buddhisten glauben, dass sie mit jedem Aufstieg ihr Leben um ein Jahr verlängern, hoffen wir zumindest nach dem Abstieg unsere Füße jemals wieder bewegen zu können. Der Abstieg ist schmerzhafter und nicht weniger anstrengend als der Aufstieg. Der Rückweg vom Adams Peak nimmt etwas weniger Zeit in Anspruch und dauert in der Regel etwa 2,5 Stunden bis man wieder am Fuße des Berges angelangt ist. Die Treppenstufen stellen allerdings eine erhöhte Belastung für die Knie dar, und strengen sehr an. Immer mehr Verkaufsstände haben jetzt geöffnet, aber wir wollen immer noch keine Puppen, Plastikblumen, Stofftiere oder Süßigkeiten kaufen. Viele einheimische Pilger nehmen sich hier für ihre Angehörigen noch ein Mitbringsel mit.

Mir schmerzen so die Füße, dass der erste TukTuk, den ich erblicke, uns gehört. Unsere Füße reiben wir nach einer kalten Dusche ordentlich mit Eis Gel ein.

Nun hätten wir uns Entspannung verdient, aber wir wollen heute noch über Colombo nach Bentota an die Westküste Sri Lankas. Mit etwas Glück könnten wir es schaffen. Achinikas Vater bringt uns zum Bus. Der gleiche Busfahrer, der gleiche Busbegleiter. Heute lassen wir uns das Gepäck nicht aus der Hand nehmen. Gestern hatte der Busbegleiter unsere Säcke unter einen Sitz gestopft, danach waren sie völlig verdreckt.

Wir packen sie übereinander auf eine Ablage. Der Fahrer, heute frisch ausgeschlafen, haut ordentlich auf das Pedal. Dem entgegenkommenden Verkehr in den Kurven wird erst in letzter Sekunde ausgewichen. Unsere Rucksäcke fallen ständig von der Ablage hinter dem Busfahrer. Irgendwann reicht es dem Busbegleiter und er blockiert mit unseren Säcken zwei Sitze. Wir haben uns immer noch nicht entschieden, ob wir mit dem Bus oder mit dem Zug weiter fahren. Als wir am Busbahnhof in Hatton anhalten, springen wir hinaus. Hier geht es völlig chaotisch zu. Ein Mann greift uns und schleift uns mit zu einem bereits mit Fahrgästen überfüllten kleinen Toyota Transporter. Dann gehen wir noch einmal zu der Stelle, wo wir einen Bus mit der Aufschrift „Colombo" gesehen hatten. Der Busfahrer sitzt bereits am Steuer. Dieser machte auf uns einen Eindruck, der uns sagt, fahrt lieber mit dem Zug. Schnell suchen wir uns ein Tuk Tuk und fahren zum Bahnhof. Hier geht es entschieden ruhiger zu. Ich stelle mich am Schalter an, an dem aber nur 3.Klasse Tickets verkauft werden. Sina versucht indessen beim Bahnhofsvorsteher, ein wenig krank zu spielen und bekommt tatsächlich zwei Tickets für die 2. Klasse. Der Zug ist allerdings leer. In Colombo angekommen, fährt zehn Minuten später, der letzte Zug nach Bentota. Wir müssen mit unseren erlahmten Füßen eine Brücke hoch und wieder runter gehen. Ich drohe fast zusammenzubrechen. Einen Sitzplatz zu bekommen, ist aussichtslos. Da haben wir ja noch Glück, dass wir einen Stehplatz erhascht haben. Gnadenlos überfüllt sind die Waggons. Reisende mit Platzangst sollten sich eine andere Art des Vorwärtskommens wählen. Diverse Männer hängen sich draußen an den Haltegriffen fest. Ich starre in die schweißtriefenden Achselhöhlen meines Nachbarn. Schräg zum Fenster abfallend, halte ich mich fest umklammernd, an der Gepäckablage fest. Unter mir sitzen auf vier Sitzplätzen, fünf Passagiere zusammengedrängt.

Sina unterhält sich fleißig mit ihren, sie umgebenen Mitfahrenden. Meine schmerzenden Füße machen sich wieder bemerkbar. Man sagte uns, dass nach einer halben Stunde der Zug leerer wird. Nach einer Stunde bietet mir ein Mann seinen Platz an. Es ist bereits kurz vor 22.00 Uhr, der Zug ist jetzt fast leer. Das ist uns nun aber auch unheimlich. Die letzten verbliebenen Männer starren uns verdutzt an. Endlich Bentota. Wir steigen als Einzige aus dem Zug. Eine schummrige Laterne begrüßt uns auf dem verlassenen Bahnhof. Da ich aber schon einmal hier war, kenne ich den Weg zum Gasthaus. Aber es ist kein Zimmer frei. Wir werden zehn Minuten zu Fuß weiter zu Freunden des Vermieters geführt. Ein schönes Zimmer im Obergeschoss mit einer großen Veranda.

Am Morgen erinnern uns unsere muskelkaterschweren Beine an die Strapazen der letzten zwei Nächte. Wir können kaum Laufen, die Treppen bezwingen wir nur halb hopsend.

Bei meiner am nächsten Tag ausgewählten Ayurveda – Massage, wo ich auf Linderung hoffe, gehe ich fast in die Luft vor Schmerz. Obwohl ich der Masseurin von meinen Schmerzen erzählt habe, drückt sie weiter fest ihre Daumen in meine Waden.

Wir bleiben noch zwei Tage in Bentota, wo wir uns auch einen Abend mit einem Bekannten aus Berlin treffen.

Die Reise geht weiter nach Unawatuna ganz im Süden an der Küste. Sina ist leider etwas erkrankt und muss sich vom dortigen Provinzdoktor einen bunten Pillencocktail verschreiben lassen, nachdem sie mit Händen und Füßen versucht hat ihre Beschwerden zu beschreiben. Nach zwei Tagen ist sie wieder halbwegs fit. Unser Hosteljunge möchte gerne ein wenig Deutsch lernen. Sina sagt, er soll ein paar Sätze und Wörter aufschreiben, die er lernen möchte.

Am nächsten Morgen kommt er dann mit einem sechsseitigen Manuskript an, und Sina verbringt den Abend, an dem er zwei Stunden Freizeit hat, mit ihm zu lernen. In der Nacht werden unsere Bikinis von der Leine, direkt vor unserem Zimmer gestohlen. Das kam wohl schon öfter hier vor. Warum? Keine Ahnung.

Dann erholen wir uns noch zwei Tage am Strand von Mirissa, besuchen von dort aus das Fort in Galle, und fahren mit dem Zug zurück nach Colombo. Von dort, ohne Stopp, weiter nach Negombo, der Ort, der es erlaubt, aufgrund der kurzen Entfernung zum Flughafen, das Meer bis zur letzten Minute zu genießen.

Wir werden früh um 6.00 Uhr vom Rikscha Fahrer abgeholt und starten dann ab nach Hause, wo uns acht Grad Minus erwarten.

Inseln sind wie schwimmende Träume.
Sri Lanka, ist ein Land, in dem man kulturelle Höhepunkte genauso genießen kann, wie Wanderungen durch Teeplantagen, die das Land wie einen grünen Teppich überdecken. Safaris zu wilden Tieren, Faulenzen an den

zauberhaften Stränden, an denen die Kokosnüsse im Wind schaukeln, Ayurveda Kuren genießt und schmackhafte Currys verspeist. Eine Insel, die alle Sinne betört.

Der Buddhismus ist in Sri Lanka allgegenwärtig, nicht nur durch die Zeugnisse der einstigen Hochkultur, sondern auch durch die Menschen. Obwohl viele in ärmlichen Verhältnissen leben, stößt man immer wieder auf lachende Gesichter, Hilfsbereitschaft und Gastfreundschaft, Eigenschaften, die tief aus dem buddhistischen Glauben wurzeln.

127

Kaudulla Nationalpark

Kandytänzer

128

## Ayurveda – eine Reise zur inneren Mitte

Wieder einige Jahre später unternehme ich eine Reise nach Sri Lanka, um endlich den exotischen Reiz der Jahrtausend Jahre alten Heilkunst „Ayurveda" kennen zu lernen.

Am Strand von Beruwela habe ich für 17 Tage eine Ayurveda Kur gebucht. Es soll ein Ausflug in meine innere Mitte werden. Übersäuert vom Stress, macht das unsere Nerven mürbe, das wissen die Inder schon seit über 5.000 Jahren und rücken dem Übel mit der richtigen Ernährung und Ölmassagen zu Leibe.

Im Gegensatz zu den anderen gedeckten Frühstücksplätzen, sieht mein Platz etwas leer aus. Man sagt mir, dass sich das nach der Arztkonsultation ändern wird. Eine große Thermoskanne mit Ingwerwasser wird mir jedoch gleich gebracht. Drei Liter Flüssigkeit soll man am Tag zu sich nehmen. Anschließend bringt mir die Bedienung eine

129

giftgrüne Suppe (Kola Kandha). Diese wird aus verschiedenen Kräutern und Blättern hergestellt. Sie dient der Erhaltung der physischen Schönheit, aber wirkt auch reinigend und ausgleichend auf die vier Elemente Feuer, Erde, Wasser und Wind. Auf jeden Fall ist die Suppe vollgepackt mit Nährstoffen, die Wunder für die Gesundheit bewirken soll.

Voller Gespanntheit, nehme ich dann nach dem Frühstück an der Arztkonsultation teil. Erstaunlich, was Frau Doktor Kumari nach dem Messen meines Pulsschlages, dem Abchecken des Blutdruckes und der Begutachtung meiner Zunge, von mir weiß. Danach wird ein Ernährungs-und Behandlungsplan nach meinem Dosha erstellt. Es gibt drei Doshas, Vata, Pitta und Kapha. Diese sind für die verschiedensten Funktionen im Körper zusammen mit dem Geist verantwortlich. Für die Gesundheit und das Wohlbefinden eines Menschen müssen sich alle drei im Gleichgewicht befinden. Jeden Tag stehen nun 4-5 Behandlungen auf dem Plan. Es geht dann auch gleich los, mit einer Kopfmassage, mit braunem Öl. Danach gibt es eine Rücken- und Schultermassage und zum Schluss eine intensive Fußmassage. Eingeölt wie eine Sardine gehe ich dann hinüber in meinen Bungalow.

Einölen, massieren, Gifte aus dem Körper ausleiten und schwitzen - das ist die Zauberformel, des Ölwechsels im Tropenparadies. Danach Ruhe, schwimmen, lesen, dösen und Vorbereitung auf das Mittagessen. Jetzt ist mein Platz eingedeckt mit einem Glas 10 minütigem abgekochten Wassers, einem kleinen Schälchen voll mit einer braunen Paste, ein Gläschen Kräuterwein und ein paar fest gepresste zusammengerollte Pillen. Vor dem Essen gibt es den Kräuterwein, danach die, wie kleine Schafkegel aussehenden selbstgedrehten Pillen, zum Lifting des Urins und die schreckliche Paste zur Magenreinigung.

Unterschiedliche Curries, Fisch, Bittergurkengemüse, Linsen stehen in dicken Tontöpfen auf kleinen Feuern. Frisches Obst gibt es zu jeder Mahlzeit, aber nur bestimmte zur bestimmten Tageszeit. Kaffee, Alkohol, Zigaretten und Süßigkeiten sind natürlich tabu.

Der erste Tag liegt hinter mir, 16 stehen mir noch bevor.

Heute geht es um 6.30 Uhr am Strand entlang bis zu einem Boot, das uns rüber auf die Halbinsel von Paradise Island bringt. Über eine Steintreppe gelangt man auf einen Hügel, auf dem mit dicht gesäumten alten Bäumen, der Panchakapaduwa Tempel steht. Es ist ein Ort der Ruhe und der Meditation. Für die buddhistischen Singhalesen ist dieser Tempel von großer Bedeutung. Ein junger Mönch mit einem weichen Lächeln auf den Lippen begrüßt uns mit zusammengefalteten Händen. Der ältere Mönch lächelt ebenfalls freundlich und bietet uns an, ihn zu begleiten. Er lebt seit 11 Jahren auf der Halbinsel. An dem heiligem Bodhibaum vorbei gelangt man zum eigentlichen Tempelgebäude mit den fünf weißen Buddha Statuen. Diese schmücken wir nun mit Frangipaniblüten und Weihrauch. Die zurückhaltende Einfachheit des inneren Raumes stimmt mich auf die Meditation ein. Auf kleinen Hockern setzen wir uns hin, bekommen einen Tee und einen, von mir so geliebten Ingwerkeks. Heldenhaft bleibe ich im Schneidersitz auf meinem Hocker sitzen, während der Mönch Gebete brabbelt. Keine schädlichen Nebenwirkungen außer mein etwas verkrampftes rechtes Bein. Nach einer knappen Stunde Meditation geht es dann wieder zurück.

Ich liege, nach dem Frühstück frisch geduscht in meinem bunten Tuch eingeschlagen, auf der Liege auf meinem Balkon. Gegenüber sitzt Buddha auf einem Stein mit Frangipaniblüten übersät. Das Meer rauscht in der Ferne. Gelegenheit zum Stress: Fehlanzeige. Nur ein bisschen Schreiben, das gönne ich mir. Außer meiner Familie, fehlt mir nichts, kein Radio, kein Kaffee und kein Glas Wein am Abend.

Nach einigen Tagen bin ich dann voll eingestellt auf den gebetsmühlenartigen Tagesablauf: Yoga, Kopfmassage, Synchron-Massagen, Fußmassage, heiße Päckchen auf dem Rücken, Akkupunkturnadeln gegen Problemzonen oder zur Gewichtsreduzierung, Vogelgezwitscher im Ohr, höllisch heiße Dampf- oder sanfte Kräuterbäder.

An einigen Tagen in der Woche gehen ich und ein paar Frauen früh ans Meer hinunter zum Yoga. Hier gibt Kadir, der im Dorf vier Kilometer entfernt wohnt, Privatyoga. Jeden Morgen steht er um 4.00 Uhr auf, um dann um 6.00 Uhr am Strand zu sein.

Mein noch zerknittertes Gesicht recke ich in den Morgenhimmel, um das Sonnenlicht zu grüßen. Dann ausatmen und die Erde mit den Fingern nach unten begrüßen. Einatmen - Sprinterposition, in Tischstellung, wie ein Brett zum Boden sinken. Die Cobra – Schultern vom Boden heben und einatmen, beim herabschauenden Hund streckt sich das Hinterteil in den Himmel, rechtes Bein nach vorne, linkes auch, dann endlich geht es wieder nach oben, „Namaste". Mit zusammengefalteten Händen vor der Brust begrüße ich den neuen Tag. Nach dem Sonnengruß ist mein innerer Motor durch das Dehnen und Atmen in Schwung gekommen. Ich tauche ein in die Welt der Asanas. Nun funktionieren auch die anderen Übungen besser, der Baum, die Krähe, der Fisch. Ein bisschen Yogapraxis habe ich ja aus meinem Fitnesscenter mitgebracht, aber hier beim Ursprung allen Übels geht es doch etwas anders zur Sache. Ich hangle mich zum Schulterstand hoch, versuche die Beine nach hinten über meinen Kopf zu legen. Das Atmen fällt schwer, aber die Schilddrüse wird aktiviert.

Dann die Atemübungen. Ich halte das eine Nasenloch zu und hole tief Luft durch das andere, dann umgekehrt. Langsam wird mir schwindlig, schnell atme ich wieder mit zwei Nasenlöchern. Zum Schluss ein langes „OM", die heilige Silbe, die dich zum Einklang bringt.

Die dritte Woche ist angebrochen, der Behandlungsplan hat sich geändert, die Morgenmedizin, das abgekochte Wasser in der Thermoskanne und die grüne Suppe nicht. Inzwischen trinke ich das Ingwerwasser, als würde es schon seit Jahrtausenden zu meinen Trinkgewohnheiten gehören. Akkupunktur und der Shirodhara Guss stehen auf dem Programm. Nach der Synchronmassage, die von Almir und Salim gleichzeitig und mit viel Öl durchgeführt wird, fühle ich mich zum Dahinschweben. Dann folgt endlich der so hochgepriesene Öl-Stirnguss (Shirodhara). Auf dem Rücken liegend, mit abgedeckten Augen, wird mir eine halbe Stunde lang warmes Kräuter Öl mit dem sogenannten Dhara-Gefäß, dass über mir an Schnüren befestigte Tongefäß, in schwingenden Bewegungen in einem schmalen Rinnsal auf die Stirn getropft. Durch die Pendelbewegung fließt das Öl von der rechten Schläfe bis zum Ohr und dann auf der linken Seite dasselbe. Damit man weiter in den Spiegel schauen kann, werden die Haare für den Rest des Tages unter einem Turban versteckt, denn das Öl soll so lange wie möglich auf dem Kopf verweilen.

Schwimmen, Sonne und Wind sind heute untersagt. Der durch die Behandlung irritierte Fettkopf braucht Ruhe. Das zentrale Nervensystem soll sich beruhigen. Am Mittagstisch bei der Gemüsesuppe säumen heute einige originelle Turbanträger den Tisch. Auch nebenan im Luxus Ayurveda Hotel werden die wohlfrisierten weiblichen Gäste genauso gnadenlos mit Öl begossen, so dass sie ihre gestylten Frisuren tagelang nicht wiedererkennen.

Am Nachmittag geht es dann noch in die Steambox. Eine große Truhe aus stabilen dunkelbraunen Holzbohlen mit einem gewichtigen Deckel und einem Lattenrost, auf dem man sich drauflegt. Darunter wird Wasserdampf erzeugt. Nur der Kopf schaut heraus. Mein mitfühlender Masseur tupft mir ab und an den Schweiß von der Stirn. Nach 20 Minuten werde ich befreit.

Ayurveda ist eben kein Wellness Vergnügen, sondern eine Heilkunst, und wer sich für solch eine Kur entschieden hat, sollte auch in allen Punkten danach handeln. Bei den Männern hier, habe ich jedoch das Gefühl, dass sie die Ayurveda Kur eher als eine Art TÜV ansehen. Wenn der Motor nicht mehr richtig läuft, geht's zur Inspektion, Außen- und Innenwäsche. Auftanken klingt für sie eingängiger als Vata, Pitta und Kapha. Sie nehmen die Sache nicht so ernst und trinken am Abend schon mal ein zwei Bierchen am Strand und rauchen ein Pfeifchen dazu.

Der bittere Entgiftungstrunk, der bereits morgens vor dem Frühstück eingenommen werden muss, verschlägt mir mal wieder den Appetit. Gut zum Entgiften, auch wenn es giftig schmeckt. Nach dem Glas lauwarmen Wassers geht's dann wieder. Ich träume von Käse und schwarzem Brot, löffle lustlos meine grüne Suppe weiter, fest entschlossen konsequent bis zum Ende durchzuhalten. Der Iramisu Tee, aus einer heimischen Wurzel schmeckt dabei ganz gut und wirkt blutreinigend. In Indien gibt es auch spezielle Heilmethoden in spezialisierten Urin – Kliniken, die mit dem Urin gesunder Kinder das Essen kochen. Mir reicht jedoch erst mal die Einnahme dieser ganzen Kräutermedizin. Als Zerstreuung gibt's heute die Thermo-Reis-Säckchen-Massage und anschließend eine Kräuter-dampf-Inhalationen. Nach einer Öl-Einreibung wird der gesamte Körper mittels erhitztem, mit in Kokosmilch gekochtem Reis und einer speziellen Kräuter/ Gewürzmischung, gefüllten Leinensäckchen massiert. Diese Massage wirkt stark durchblutungsfördernd und stoffwechselanregend, treibt Giftstoffe aus der Haut und nährt und festigt das Gewebe. Sie hilft bei Gelenk-schmerzen ebenso wie bei Verhärtungen im Schulter- und Nacken-bereich, wirkt entspannend und lösend auf die Muskulatur.

Die Kräuterdampfinhalation erfolgt mittels getrockneten und pulverisierten Kräutern. Diese werden zusammen aufgekocht und dann inhaliert. Schleimablagerungen im Lungen-, Nasen- und Stirnhöhlenbereich werden gelöst und die Atemwege gereinigt.

Vor dem Abendessen muss ich mal raus aus der Anlage und gehe zu einem kleinen Laden, wo ich zwischen Damenbinden und Keksrollen auch eine Postkarte finde.

Dann gibt es da noch Toni, jeden Tag trifft man ihn unten am Meer. Wir können bei ihm frische Kokosnüsse trinken und auch sonst organisiert er alles, was wir noch so brauchen. Eine Tour durch die Mangroven, ein günstiges Tuk Tuk, um in die Stadt zu fahren oder einen Besuch beim Juwelier. Es gibt einige von diesen Typen, aber Toni ist anders, einfach lieb und nicht aufdringlich. Später zum Abschied habe ich sogar von ihm ein Geschenk bekommen, eine Packung Tee.

Mit Kräutern, warmen Ölen und Massagen sollen Krankheitsstoffe aus den Geweben gelöst und in den Darm abtransportiert werden. Und das dieser dann auch gereinigt wird, gibt es heute einen Abführtag. Ich trinke, auf leeren Magen, eine Medizin (Abführmittel) und bis mittags nur warmes Wasser. Das Abführen erfolgt schnell und in der Regel ohne Komplikationen. Auf einen Darmeinlauf wird hier zum Glück verzichtet. Die meisten Medikamente werden in einer Apotheke im hauseigenen Garten zubereitet. Mit dem Jeep fahren wir am Nachmittag in Dr. Kumaris Hexenküche. Stolz präsentiert er Berge von Rinden, Wurzeln, zerhackten kleinen Ästen, getrockneten Früchten und unterschiedlichen Kräutern, die in hohen Regalen lagern. Mit riesigen Holzstößeln werden die Kräuter klein geklopft. In großen Kupferkesseln über offenen Feuern köchelt der Kräuterwein. In bauchigen Tontöpfen lagern Tinkturen, Mineralien, Wurzelpasten, gemahlene Blätter, zerstoßene Samen, aus denen dann die schwarzen Pillen gedreht werden. Das Handwerkszeug ist so alt wie die Methoden der Herstellung. Der Kräuterkenner in dritter Generation lächelt weise. Dann mixt er ein Gotu Kola, das sei Power fürs Gedächtnis, dazu noch etwas Sandelholz und Aloe Vera, das kühlt den Kopf. Ob es hilft, lässt sich so kurzfristig leider nicht klären, aber die versprochenen Wirkungen klingen hoffnungsvoll.

Am letzten Behandlungstag erfolgt der krönende Abschluss der ayurvedischen Kurbehandlung, das Blütenbad. Ursprünglich war es das „Bad der Königinnen und Könige". Ging es bei allen vorangegangenen Behandlungen darum, die Poren der Haut zwecks Entschlackung zu erweitern, so werden durch das Blütenbad die Poren wieder geschlossen. Die Wanne scheint aus einem einzigen riesigen Granitblock gestemmt zu sein. Auf der Wasseroberfläche schwimmt ein buntes Blütenmeer. Inmitten der farbenfrohen Blüten vom Frangipanibaum, Lotus, Malven und Rosen zu liegen, ist ein neu gewonnenes Wohlgefühl.

Bei der abschließenden Arztkonsultation bekomme ich dann noch einige Verhaltens- und Ernährungstipps verschrieben. Zu dem erhalte ich eine dunkelgrüne Paste zur täglichen Einnahme, für drei Monate Nachkur auf meinen Konstitutionstyp abgestimmt, mit auf den Weg. Außerdem kein Kaffee, keine Schokolade, keine grüne Gurke, wenn ich erkältet bin. Kein Obst am Abend, lieber Käse von der Ziege als von der Kuh. Warum? Das beantwortet keiner. Es ist eben das alte Wissen vom Leben.

Als ich mit Danny früh um 5.00 Uhr zum Flughafen fahre, sehe ich, wie die Menschen einen Stopp an kleinen Vehikeln oder Obstständen einlegen, an denen grüne Suppe verkauft wird.

**Rezept für die grüne Suppe**
**Zutaten:** *100g roter Reis, 3 Tassen Kokosmilch, grüne Kräuter (nach Wahl)*
**Vorbereitung:** *Wascht den Reis, fügt 3 Tassen Wasser hinzu und kocht den Reis. Schneidet die grünen Kräuter*

*und mischt diese mit einer Tasse Kokosmilch. Dann gebt alles in ein Sieb und mischt den Saft mit dem gekochten Reis und 2 Tassen Kokosmilch und einer Prise Salz. Das Zugeben einer Nelke und etwas Knoblauch sind möglich. Kocht das Ganze noch einmal für ca. 5 Minuten auf.*

Ich bin wieder zurück und es geht mir gut, meine Gelassenheit hält gerade mal noch zwei Wochen an, dann hat mich der Alltagsstress wieder eingeholt. Die grüne in Silberpapier eingepackte Paste vegetiert im Kühlschrank vor sich hin. Ich habe vergessen zu fragen, wie lange sie haltbar ist. Die Haut ist noch nach Wochen samtweich, das Essen hat wieder europäischen Charakter angenommen.

*Unser Körper ist der Ort der Wahrheit, denn er spiegelt alles wider, was Seele und Geist bewegt.*

Ayurvedische Weisheit

138

*Strand von Bentota*

# Indien – Mythos aus exotischer Fantasie und nüchterner Wirklichkeit

Hier scheint alles in Übertreibung vorhanden zu sein: Menschen, Religionen, Reichtum, Armut, Kultur, Größe, Lärm und Hitze.

Indien macht oft sprachlos mit seinen vielen spannenden Facetten von uralter Religion, der Pracht der Epochen von Moguln und Maharadschas, der Lebensart der Menschen, der Tiger und der Elefanten, der exotischen Küche und von den Städten, die von tausend Farbtönen geprägt sind. Ich könnte wohl hunderte Sachen aufzählen, die in Indien anders sind.

Mit mehr als einer Milliarde Einwohnern ist der Subkontinent Indien ein Universum für sich. Indien ist mit der Geißel der Überbevölkerung, wie kein anderes Land gepeinigt. In weniger als alle eineinhalb Sekunden wird ein Baby geboren. Dennoch hat das Land die schlimmste Armut und den Hunger von Millionen Menschen weitestgehend beseitigen können. Indien ist eine Großmacht geworden, militärisch stark, teilweise gefürchtet und politisch eigenwillig.

Es gibt Orte, da schickt schon der Klang des Namens unsere Fantasie auf Reise. Und so märchenhaft, wie der Name klingt, ist es auch. Der Palast des Maharadschas von Mysore und der Tempel auf dem Chamundi Hill sowie die Gärten in Brindavan. In 36 Haarnadelkurven fahren wir auf 2.200 m hoch, da wo der Tee wächst, nach Ooty. Nehmen dort am Ostersonntag an einer heiligen Zeremonie teil, und fahren mit der Nilgiri Zahnradbahn wieder hinunter ins Tal und weiter nach Kochi. Der Ort ist eine lebendige Hafenstadt, in der das Christentum älter ist als in Europa und die chinesischen Fischernetze, das meist fotografierte Bild der Stadt. Wir fahren auf den Wasserstraßen der Backwaters durch eine sagenhaft grüne Landschaft. Nach tausend Kilometer Fahrt mit Bussen und Zügen erreichen wir die Strände von Goa. Hier genießen wir ein paar Tage in einer Bambushütte direkt am Meer, sehen den Delphinen auf offenem Meer beim Schwimmen zu, machen einen Kochkurs und entdecken noch leere Strände. Dann steht uns eine lange Nachtfahrt mit dem Bus bevor, nach der wir dann, in Hampi ankommen. Der Ort ist nicht nur von großer historischer Bedeutung sondern seine Hügel und Berge, sowie Täler und Senken sind mit riesigen Steinen, Findlingen und Felsen übersät. Eine nahezu unwirkliche wie atemberaubende Landschaft. Und zu guter Letzt müssen wir in die Computermetropole Bangalore eintauchen, um von hier wieder den Heimweg anzutreten.

Für Sina, meine Tochter ist es die erste Reise, in das „unglaubliche" Indien. Mich führt mein „Virus Indicus" bereits das dritte Mal hierher. Das Land ist so groß wie Europa, so dass es immer wieder neue spannende Abenteuer bereithält. Und man muss immer wieder auf Überraschungen gefasst sein. Wenn etwas gerade gut läuft, kann etwas im nächsten Moment schon wieder daneben gehen.

Früh um 3.30 Uhr landen wir in Bangalore und fahren gleich weiter zum Busbahnhof. Busbahnhöfe sind meist die schrecklichsten Orte aller asiatischen Städte. So am frühen Morgen ist es am schlimmsten, wenn die Ärmsten der Armen sich langsam räkelnd  unter ihren abgewetzten

Planen aus dem Schlaf erheben. Um ihre dürren Körper hängen Lumpen. Blinde laufen mit ihren Blechnäpfen von Stand zu Stand und betteln sich die Reste von den Essenden zusammen. Der Gewinn der Bettler ist unser schlechtes Gewissen. Wo soll man anfangen und wo aufhören? Die Armut ist bedrückend groß und sticht einem fast überall ins Auge. Aber man kann, wenn man sich darauf einlässt, lernen damit umzugehen. Für Sina ist es zunächst ein großer Schock, aber das geht wahrscheinlich jedem Reisenden so, der das erste Mal nach Indien kommt. Vieles was uns hier begegnet, können wir in unser Denken nicht einordnen.

Die Fahrt ist eine Tortur für unser Sitzfleisch. Der Bus befindet sich in einem miserablen Zustand und hat die Zeit des Stoßdämpfers scheinbar schon lange überlebt. Getrennte Fahrspuren gibt es hier nicht, es wäre auch sinnlos, denn auf dem Raum, wo bei uns zwei Fahrspuren eingerichtet sind, tummeln sich hier drei bis vier Fahrströme. Wir kommen gegen 8.00 Uhr in Mysore an.

Mysore liegt im Bundesstaat Karnataka. Es ist eine quirlige Stadt mittlerer Größe. Sie wurde erstmals Anfang des 12. Jahrhunderts als Mayisur (Büffelstadt) erwähnt.

Bevor wir erst müde werden, laufen wir, nachdem wir im Hotel „Chandra Palace" eingecheckt sind, gleich los. Der Palast ist noch geschlossen und so führt uns ein Rikscha Fahrer ein wenig durch die Gassen und zeigt uns die verschiedenen Handwerksbetriebe. Zuerst gehen wir in eine Fabrik, wo die kleinen Bidis hergestellt werden.

Bidis sind eine kleine ca. fünf Zentimeter lange zigaretten-ähnliche Tabakware, die in Tendublättern (Ebenholz) gewickelt ist. Seitdem im Jahr 1605 der Tabak Indien erreichte, begann im Land die Tabakproduktion.

Die ersten Bidis wurden von Arbeitern der Tabakfarmen erfunden. Im Vergleich zu einer normalen Zigarette hat ein Bidi sehr hohe Werte an Kohlenmonoxid (39 mg/Bidi) und Teer (78 mg/Bidi). In Deutschland dürfen Zigaretten nur eine Höchstmenge von jeweils 10 mg Kohlenmonoxid oder Teer im Rauch enthalten.

Später laufen wir einfach so durch die Gassen, in einer Gegend, wo, sagen wir, die untere Mittelschicht lebt. Ein buntes Allerlei an Farben. Da haben wir die kleine Holzlagerhalle, aus der die grünen Melonen auf die Straße rollen. Gleich nebenan quellen aus dicken Leinensäcken die dunkelroten Chilischoten heraus. Ein paar Schritte weiter der Reisverkäufer, der in Holzkisten fast zehn verschiedene Sorten von Reis anbietet. Danach folgt der Gemüsehändler, der vom dunklen Lila der Auberginen, über die roten Tomaten bis zum Braun der Kartoffeln auch eine reiche Palette an Farben bietet. Gegenüber befindet sich nun der Obstverkäufer, welcher die kräftigen Farben der Bananen, das Orange der Mandarinen, das kräftige Grün der Limetten und die goldgrünen Papayas zum Verkauf feilbietet. Und dann, das darf in Indien nicht fehlen, der Gewürzhändler mit einer Vielfalt an Gerüchen, die sicher schwer zu beschreiben sind. Der Bockshornklee ist ein besonders wichtiges Gewürz in der indischen Küche. Die Samen sind klein, länglich und von hellem Braun. Kardamom sind blassgrüne Kapseln, die dicht mit süßlich duftenden, braunschwarzen Samen gefüllt sind. Chili ist wohl in Indien so heimisch, wie der Kümmel in Deutschland.

Die hellbraunen Ingwerwurzeln, das leuchtend gelbe Kurkuma bereichern weiter die Palette der Düfte und Farben. Die hellbraunen Samen des Kreuzkümmels duften ebenfalls aromatisch. Sie haben einen süßlichen

Geschmack. Dann sind da noch der Koriander, der Pfeffer, die Vanilleschoten und der Fenchelsamen. Vorbei an „Francis Lightings and Sounds" Geschäft, vor dem riesige graue Grammophonlautsprecher auf einen Käufer warten, kommen wir noch am „Chicken Stall" vorbei. Sechs abgezogene Hühner hängen im prallen Sonnenschein, dann bereits vorgegart, am Vordach des Geschäftes, um verkauft zu werden. Mittendrin auf der Straße steht ein Mann mit einem blauen Holzwagen, der mit seinem, mit Kohle aufgeheizten Bügeleisen, die ersten Wäschestücke des Tages perfekt auf Bügelfalte plättet. Hier leben viele Moslems, und so stehen drei Frauen mit ihren schwarzen langen Gewändern an der nächsten Ecke und halten ein Pläuschchen, hinter ihren über den Kopf gezogenen Burkas, bei denen nur die Augen das Licht der Welt erblicken. Vor uns auf dem Weg laufen zwei Frauen in ihren Saris. Zwei Frauen stehen vor einem Laden, die eine in einem Türkis schimmernden und die andere in einem roten mit Gold bestickten Sari, warten auf ihre zwei Mädchen, die in lila weißer Schulkleidung mit ihren langen schwarzen Zöpfen angerannt kommen. Die Männer, die wartend auf Kundschaft vor den Geschäften stehen, tragen meist ihre typischen um den Bauch gewickelten langen Röcke und dazu karierte Hemden. Man könnte die Farbenvielfalt inmitten der alten heruntergekommenen Hütten und mit den vom Wetter verblassten Werbetafeln immer weiter fortsetzen. Und so bunt wie all diese Dinge, so bunt sind auch die Müllhaufen, die zwischen den einzelnen Hütten in die Höhe wachsen.
Dann gehen wir zurück zum Palast. Der Anblick fasziniert. Wie ein wahr gewordener Traum aus 1001 Nacht, umgeben mit einer im englischem Rasentrimming angelegten Parkanlage. Der Stadtpalast wurde Anfang des

20. Jahrhunderts nachdem er 1897 abgebrannt ist, von einem englischen Architekten im sarazenischen Stil, neu errichtet. Das ganze Areal ist von einer Mauer mit Verzierungen und Tortürmen umgeben. In einem Teil des Palastes wohnt heute noch die Fürstenfamilie. Auf dem Weg zum Ausgang müssen wir uns ständig gemeinsam mit Frauengruppen oder Familien fotografieren lassen. „Mother and Daughter?" Wenn ich Glück habe, wurde auch „Sister?" gefragt. Sie tragen Saris in lindgrün mit schwarz kombiniert oder einen weißen mit bunter Borte. An den Armen häufen sich die aneinander gereihten Silberarmreifen und auf der Stirn der rote Punkt.

Auf einem ca.1.000 Meter hohem Berg, dem Chamundi Hill, steht ein schöner Tempel. Dieses wichtige Pilgerziel aus dem 12. Jahrhundert wird von einem siebenstöckigen vierzig Meter hohen Gopuram (Torturm in der süd-indischen religiösen Architektur) dominiert. Dieser wurde aber erst drei Jahrhunderte später hinzugefügt. Man hat von hier einen grandiosen Ausblick auf die Stadt. Viele Wallfahrer zerschmettern in einem Becken eine Kokos-nuss, was, so glaube ich, Glück bringen soll. Zurück laufen wir die Treppen hinunter und begegnen auf halber Höhe der fünf Meter hohen Statue des Stieres Nandi. Dieser wurde im Jahre 1659 aus dem Felsen geschlagen. Nandi war Shivas Reittier. Jetzt bei Einbruch der Dunkelheit verzaubern tausende Glühbirnen den Palast, der einmal mehr das Gebäude in ein Märchenschloss verwandelt.

Bevor wir uns unser Frühstück holen und damit auf den Roof Top gehen, werfen wir einen Blick in die Zeitung. Auf der Titelseite ist ein Krokodil, welches gemütlich über die Straße läuft, abgebildet. Darunter steht, dass ein zwei Meter langes Krokodil aus dem Tierpark ausgebüxt ist.

Der nächste Artikel handelt davon, dass ein Busfahrer eingeschlafen und samt Bus in den Fluss gestürzt ist. Es gab zehn Tote.

Auf dem Weg zum Busbahnhof erleben wir Indien wieder als lebendiges Chaos, Menschenmassen, Autos, Ochsenkarren, Fahrräder, Rikschas und mittendrin ein paar störrische Kühe. Die heiligen Kühe sind aus dem indischen Straßenbild nicht wegzudenken.

Sie gelten als Spender fünf heiliger Produkte:

1. Ghee - Butterschmalz, wird zum Kochen verwendet, besitzt aber vor allem auch eine religiöse Bedeutung. Die Lampen in den vielen Tempeln brennen mit Ghee. Tote werden vor der Verbrennung und in einigen Tempeln werden die Götter mit Ghee übergossen.
2. Mist - dient als Brennmaterial, als Bindemittel zum Hausbau und zur Düngung der Felder.
3. Urin - soll in Indien, wegen der antiseptisch heilenden Wirkung gut gegen Zahnschmerzen helfen. Jeder der sich zum Hinduismus bekehrt, wird mit dem Urin der Kuh bespritzt.
4. Milch - da jedermann es trinkt, werden alle Kasten mit ihm verbunden, dem Chai, Tee der mit Milch aufgeschäumt wird.
5. Lassi - ein erfrischendes Joghurtgetränk

Wir suchen einen Bus, der morgen nach Kochi fährt. Aber weder morgen noch übermorgen fährt ein Bus dorthin. Am Bahnhof sitzen hinter den vergitterten Schaltern die Angestellten an ihren Schreibtischen. Sie bohren in der Nase oder schreiben eifrig irgendwelche Dokumente voll. Ehe uns jemand bemerkt, vergehen einige Minuten. Aber auch mit dem Zug besteht keine Verbindung nach Kochi.

Wir gehen zurück zum Hotel, lassen uns etwas zu essen auf unser Zimmer bringen und genießen kurz die Ruhe. Wenn es fast alles in Indien an Überfluss gibt, ist Ruhe jedoch absolute Mangelware. Um 14.00 Uhr gehen wir runter zur Rezeption, um unseren Nachmittagsausflug zu starten. Mit einem Kleinbus und einer Gruppe indischer Rentner fahren wir zu den Bindavan Gärten. Die alten Damen sind prächtig geschmückt mit Nasenringen, Ketten und Armreifen. Die farbenfrohen sechs Meter langen Tücher (Sari) sind kunstvoll um ihre Hüften gewickelt. Auch sie haben alle einen Bindi auf der Stirn.

Ein Bindi ist der rote Punkt, den meistens Frauen zwischen den Augen auf der Stirn als Schmuckstück tragen. Auf Hindu heißt Bindi Punkt oder Tropfen. Die Farbe rot bedeutet Glück. Die Menschen in Indien glauben, dass hier das dritte unsichtbare Auge jedes Menschen sitzt, das energetische Zentrum, das stellvertretend für Erleuchtung und klare Wahrnehmung steht. Außerdem glauben die Inder, dass das der direkte Weg zum Herzen eines Menschen ist. Deshalb ist es gut, wenn man an diese Stelle ein rotes Glückspünktchen klebt.

In dem kleinen Dorf Somnathpur steht der „Sternentempel", ein Meisterwerk der Baukunst aus dem 13. Jahrhundert. An einem Teestand trinken wir einen handgemachten „Chai Latte". Dabei wird der Tee, der mit Kardamom gewürzt ist, mit der frisch aufgekochten Milch, diverse Male in hohem Bogen von einem Glas ins andere geschüttet.
Leider, wie so oft in Indien, liegt gleich hinter der Pracht der Müll und Gestank. Der Rauch der brennenden Abfälle verpestet die Luft. Die öffentliche Toilette, die sich mitten

auf dem leeren Gelände hinter den Marktständen befindet, ist verstopft. Beim Anblick der Räumlichkeiten ist es mir sowieso lieber, ich gehe hinter das Häuschen. Dort liegt allerdings ein toter langsam verrottender Hund, an dem sich gerade ein paar Krähen die letzten Leckereien herauspicken. Es bleibt einem eben nichts erspart in diesem Land.

Indien ist manchmal wie eine Nervensäge, der Zorn über das Elend und den Dreck. Man reist zwar, um neue Erfahrungen zu sammeln, mal aus seinem Komfortdasein auszubrechen, ansonsten würde man ja genauso wieder nach Hause fahren, wie man angekommen ist. Dabei werden jedoch meine widersprüchlichen Emotionen immer wieder neu auf die Probe gestellt. Wenn du aber in diesem Land nicht verzweifeln willst, musst du „Akzeptieren" was hier passiert, „Hinnehmen" was du für ungerecht hältst, „Zuschauen" auch wenn man vieles nicht sehen will, und „Zulassen" auch wenn man etwas ändern möchte. Und dann wieder denke ich, wie groß unser Versagen vor dem großen Elend in diesem Land ist.

Anschließend fahren wir weiter in den Brindavan Garten, die Ziergärten sind 20 Kilometer von Mysore entfernt. Sie liegen unterhalb eines 2,5 km langen und 39 m hohen Stausees. Eine wunderschöne Parkanlage mit vielen Wasserfontänen. Und wenn es zum Abend dunkel wird, werden die tanzenden Fontänen nach Bollywood Klängen, angeleuchtet. An den Ständen, die ebenfalls mit allem bunten Kitsch Indiens ausgestattet sind, gibt es diverse Leckereien.

Da, nach Kochi kein Bus fährt, fahren wir eben nach Ooty, hinauf in die Teeberge. Dort befindet sich die ehemalige Sommerresidenz des Maharadschas von Mysore.

Der Verkehr kapituliert phasenweise vor dem nicht enden wollenden Verkehrsfluss.

Verkehrszeichen oder Fahrbahnmarkierungen verkommen zur Bedeutungslosigkeit. Endlich sind wir raus aus der Stadt. Nach einer Stunde Fahrt auf welligen Straßen voller Löcher legt der Bus eine Pause in einer kleinen Idylle am staubigen Straßenrand ein. Ein großes Schild „Welcome to Mudumalai Tiger Reserve" weist daraufhin, dass unser Weg nun durch den Bandipur Nationalpark führt. Nach einer weiteren Stunde lässt die Fahrt vergleichsweise Schnecken zu Sprintern werden. In 36 Haarnadelkurven fahren wir hinauf auf 2.200 Meter nach Ooty. An einer dieser Kurven steht ein riesiges rotes Schild mit einem Totenkopf. Da wir hier noch einmal eine Teepause einlegen, schaue ich mir das Schild etwas näher an. „History of Accidents (Unfälle)".

| Jahr | Anzahl der Unfälle | Tote | Verletzte |
|------|--------------------|------|-----------|
| 2006 | 7 | 1 | 33 |
| 2007 | 10 | - | 50 |
| 2008 | 10 | 17 | 16 |

Ob das nur die Historie an dieser Kurve oder der gesamten Strecke ist, wissen wir nicht. Wir müssen wohl einen Schutzengel gehabt haben, denn wir kommen trotz einiger Schrecken, nach fast sechs Stunden Fahrt für 160 km, unbeschadet in **Ooty** an.

Da es morgen schon wieder weiter geht, machen wir uns gleich auf den Weg in die Stadt.

Heute ist Ostersonnabend. In einem der bunten Hindutempel erklingen Gesänge von Frauen. In dem Sammelsurium an Schuhen stellen wir auch unsere ab und gehen hinein. Hundert Frauen sitzen in Gruppen mit ihren in

149

dunklem Türkis oder kräftigen pink farbigen Saris auf dem Boden. In der Mitte haben sie eine goldene Etagere zu stehen auf der sie ihre Opfergaben niederlegen. Auf einem Podest sitzt eine alte Frau. Ihr welliges graues Haar, welches sie aus der Stirn zurückgekämmt hat, fällt ihr bis auf den Boden. In melodisch klingender Erzählweise spricht sie über Mikrofon Gebete, und die Masse der Frauen stimmt mit ein. Der Raum ist erfüllt von Rauchschwaden der unzählig qualmenden Räucherstäbchen aus Sandelholz. Eine berauschende Kulisse, die wir verzaubert in uns aufnehmen. Ich spüre, wie in meinen Gedanken ein Kampf der Gefühle ausbricht. Eine Welt voll Wunder und Magie.

Nach dem Sonnabend folgt der Sonntag und da sind auch die Inder mit ihren Familien unterwegs. Am Ticketschalter am Bahnhof steht eine lange Schlange. Sina stellt sich an und ich versuche, irgendwo Geld zu tauschen. Dies gelingt mir leider nicht. Aber für drei Rupies erhalten wir ein Ticket mit der „Nilgiri Blue Mountain Railway", der berühmten Schweizer Schmalspurbahn. Leider können wir nur ein Teil der Strecke bis Coonor mitfahren. Starke Regenfälle haben vor ein paar Tagen die Schienen unpassierbar gemacht. Aber die Fahrt bis dorthin wird uns mit wunderschönen Schluchten, Teeplantagen und Eukalyptuswäldern beschert. In Coonor angekommen, wissen wir noch nicht, wie es nun weiter geht. Wir haben nur noch 500 Rupies und auch hier finden wir keine Möglichkeit Geld zu tauschen. Mit einer Rikscha fahren wir zum Busbahnhof, um dort den Lokal Bus nach Comboitore zu nehmen. Sina quetscht sich auf die letzte Bank zwischen zwei hageren Greisen. Ich stelle mich mit meinem Rucksack in den Gang. Diesmal müssen wir ja nur noch 14 Kurven bezwingen, da wir die anderen 22 mit dem Zug gefahren sind. Die Straße ist wie immer eine Kampfzone zwischen den Fahrzeugen. Voll besetzte Busse, überladene LKW´s und mittendrin die Ochsenkarren. Rechts von mir übergeben sich gerade zwei Frauen in eine Tüte. Ich drehe mich nach links, der Mann, der dort sitzt, popelt ungeniert genüsslich in der Nase. Oben in der Gepäckablage stehen zwei Lautsprecher, die mir die schrillen Stimmen und die Mischung aus Hip Hop und Mozart des Bollywood Films, der vorne über dem Busfahrer auf dem Fernseher läuft, tief in mein Gehirn dringen lässt. Jetzt wird auch mir langsam übel. Mit einer Hand oben an der Stange festhaltend hole ich mir einen letzten verklebten Bonbon aus der Hosentasche. Endlich stoppen wir an einer Haltestelle. Neben Sina wird ein Platz frei. Nun will ich einen Schluck trinken. Aber wir haben die Wasserflasche in Coonor am Busbahnhof stehen lassen. Der Bus hält irgendwo mitten in Combaitore am Markt an. Wir müssen aussteigen, haben aber keine Ahnung, wo und wie es weiter geht. Der junge Inder, der uns schon in Coonor geholfen hat den richtigen Bus zu finden, hilft uns weiter. Zuerst ruft er irgendwo an und erkundigt sich nach einem Zug, Richtung Kochi. Der letzte Zug fährt in einer halben Stunde, bis zum Bahnhof sind es aber noch 15 Kilometer. Völlig ausgedörrt rennen wir dem Inder mit unseren Rucksäcken durch das dichte Gewusel der Straßen, hinterher. Er findet für uns einen Bus auf der anderen Straßenseite, für 500 Rupies. Nun ist auch unser absolut letztes Geld ausgegeben. Wir können uns nicht mal mehr eine Flasche Wasser kaufen. Ich habe allerdings noch ein paar Dollar. Als Dank für seine Hilfe möchte ich dem jungen Inder einen geben, aber er nimmt ihn nicht an. Genauso der Verkäufer hinter dem Stand, an dem ich

Wasser kaufen möchte, verweigert die Dollar. Es ist nichts zu machen. Ich verstehe das nicht. Da kommt noch einmal der junge Inder angelaufen und kauft uns eine kleine Flasche Wasser. Wir, die „reichen Deutschen" müssen uns von einem Inder ein Wasser kaufen lassen, kaum zu glauben. Aber ohne geht es nicht, da wir noch eine ganze Zeit fahren werden. Dankend verabschieden wir uns und sind froh, dass es bald weiter geht.

Ungefähr drei Stunden Fahrt. Die Sitze sind sehr bequem und man kann fast liegen.

Der indische Straßenverkehr mit seiner Linksfahrordnung ist mal wieder mehr Richtlinie statt Einhaltung, Bodenmarkierungen eher Straßenmalerei. Fußgänger, Eselkarren, Rad- und Mopedfahrer sowie Autolenker bahnen sich den Weg durch das Verkehrsgewühl, das laut hupend nicht übermäßig schnell, aber immerhin gleitend gehalten wird. Heiligen Kühen, aber auch allen anderen Tieren, die auf die Fahrbahn wandern oder ruhen, wird respektvoll ausgewichen. Allein auf dieser Strecke spüre ich gefühlte 50 beinahe Zusammenstöße mit anderen Fahrzeugen. Nach anderthalb Stunden gibt es eine Verschnaufpause in einem Straßenrestaurant. Langsam knurrt uns mächtig der Magen. Seit heute Morgen, und das war auch nur ein Toast, haben wir nichts mehr gegessen. Wir haben immer noch kein Geld und hier in der Einöde gibt es auch keins. Sina versucht noch einmal unsere Dollar an den Mann zu bringen. Aber auch hier will man unser Geld nicht haben. Ein gut gekleideter Mann aus unserem Bus sitzt an einem Tisch und isst. Ich gehe zu ihm und frage, ob er uns 10 Dollar tauschen kann. Den Kopf seitlich hin und her wackelnd, ist es schwierig zu erkennen, bedeutet es ein „Ja" oder ein „Nein" oder ein „weiß ich nicht". Um ihr Gesicht zu wahren, gibt es kein Wort für „Nein". Es könnten deshalb folgende Synonyme eingesetzt werden – vielleicht, sicher nicht unmöglich oder eventuell. Er holt ein paar Scheine aus der Hosentasche und gibt uns 200 Rupies, ungefähr zwei Euro. Unsere Dollar will er ebenfalls nicht haben, verdammt ist das peinlich, aber was sollen wir machen. Schnell kauft Sina uns noch ein paar trockene Chapatis, bevor die Fahrt weiter geht.

Um 18.30 Uhr kommen wir in Ernakulum an. Jetzt müssen wir nochmals eine Stunde mit der Stadtlinie nach Fort Kochi fahren. Ein paar Rupies, und die reichen hier zum Bus fahren, haben wir noch. Als wir im Dunkeln in Fort Kochi ankommen, stehen nur zwei Rikscha Fahrer an der Haltestelle. Die Stadt scheint schon zu schlafen. Unser Geld wird wahrscheinlich nicht reichen, bis wir eine Unterkunft gefunden haben. Der eine Rikscha Fahrer hat auf Leute aus dem Bus gewartet. Der andere gehört uns. Wir steigen erst mal ein. Über einen Preis verhandele ich diesmal nicht, wir haben sowieso nichts. Als wir nach einigem Hin und Her endlich ein Quartier gefunden haben, beichte ich dem Fahrer, dass ich nicht genug Geld habe. Er lässt sich darauf ein und wir verabreden uns für den nächsten Morgen zu einer Fahrt zur Bank. Erschöpft fallen wir in unsere Betten und schlafen fest ein.

Kochi ist eine lebendige Hafenstadt an der Malabarküste, mit viel alter Kultur. Die Geschichte der Europäer beginnt im frühen 16. Jahrhundert mit den Portugiesen, dann den Holländern und zum Schluss den Briten und alle hatten ein Ziel, die Kontrolle des Hafens über den ertragreichen Gewürzhandel.

Auf dem „Roof Top" genießen wir unser leckeres, mit viel Obst angerichtetes Frühstück. Pünktlich 9.30 Uhr wartet

Mr. Shiba, der Rikscha Fahrer von gestern, vor dem Eingang. Er fährt uns erst zur Bank, dann zur Basilika, weiter zur San Francis Church, die noch den Grabstein von Vasco da Gama beherbergt. Als wir runter ans Meer fahren, wird dort gerade ein scheinbar spannender Bollywood Film gedreht. Love, Action und Happiness, bunt, schillernd und von allen Sorgen befreiend. Grelle Mythen für schillernde Kinoträume. Wir schauen dem Spektakel eine Weile zu. Von weitem hören wir laute Trommelmusik. In den Straßen von Fort Kochi ist ein langer bunter Umzug in Gange. Die Inder lieben bunte Feste und es gibt viele davon, ob es ein Erntedankfest oder das Thaipusam Fest ist, ich weiß es nicht. Männer und männliche Jugendliche in orangenen Lenden-röcken und freiem Oberkörper tragen silberne Spieße durch ihre Oberlippen. Um den Mund haben sie alle eine weiße Paste aufgetragen. Ein Fest der Schmerzen und Qualen? Schmerzen sind Ausdruck des tiefen Glaubens. Die Spieße sollen bewirken, dass man während einer Zeremonie unnötiges Geschwätz vermeidet und sich ganz seiner Meditation widmet. Frauen und kleine Kinder winken von den Balkonen herunter. Riesige bunte pyramidenförmige Gebilde, mit Blumen geschmückt, werden von Trägern durch die Straßen bewegt. Mr. Shibu fragt uns, ob wir mit zu ihm nach Hause kommen wollen. Sina und ich bereden uns kurz, aber da er uns ja gestern so vertraut hat, wollen wir nicht ablehnen. In einer schmalen schwarz ge-pflasterten Gasse mit ganz kleinen aneinander gefügten Steinhäuschen lächelt uns schon von der Ferne seine Frau zu. Ihre tiefliegenden Augen glänzen unter den perfekt geformten Augenbrauen. Ihre einjährige Tochter hat wahrscheinlich noch keinen Gringo gesehen, und fängt an zu weinen. Gleich versammeln sich einige Nachbarn. Mr.

Shibu zeigt uns sein Hüttchen. Ein Schlafzimmerchen, da schläft Mr. Shibu mit seiner Familie und im Vorraum, seine Eltern. Alle Wände sind schwarz. Die Armut, ist wie ein Seil, das die Menschen an ihre dunklen, dunstigen Stuben fesselt. In der Ecke stehen ein wackliger Schrank und zwei übereinandergestapelte Plastikstühle. Mr. Shibu nimmt diese und bittet uns, hinzusetzen. Sie zeigen uns die drei wenigen Fotos, die sie besitzen. Sina macht einige Familienaufnahmen, und wir schicken sie ihm später nach Hause. Ob sie angekommen sind, werden wir wohl nie erfahren. Inzwischen haben sich vor dem Eingang immer mehr Nachbarn versammelt. Ich verteile alle Mitbringsel, die ich in meiner Tasche finden kann. Es ist schon dunkel, als wir in unser Hostel wieder erreichen. Kein Mensch sitzt an der Rezeption, alles ist absolut still. In der Nacht hören wir, wie jemand an der Tür klinkt. Sie ist zum Glück abgeschlossen. Aber der Jemand, versucht mit einem Schlüssel die Tür zu öffnen. Zunächst schleiche ich mich heran und stelle einen Tisch davor. Der oder diejenigen versuchen es immer weiter. Jetzt hilft nur noch schreien. Laut brülle ich im Zimmer herum. Dann ist es plötzlich still. Unruhig versuchen wir, weiter zu schlafen.

Am nächsten Morgen beschweren wir uns beim Vermieter. Nach einigem Hin und Her, sagt er wir können in seinem anderen Haus ein Zimmer bekommen. Dieses ist viel schöner und wir bekommen es für den halben Preis. Jetzt müssen wir uns beeilen, um 8.00 Uhr beginnt unsere Backwatertour. In einem Minibus fahren wir zur Anlegestelle.

Die **Backwaters** sind die fruchtbaren Wassergärten Keralas. 41 Flüsse verästeln sich zu Kanälen, Lagunen und kleinen Seen, in denen Salz- und Süßwasser zusammenströmen.

In einem der typischen Boote, dessen Holzrumpf ein rundes Dach aus Bambus und Palmenblättern umspannt, geht es zunächst durch die kleinen Wasserstraßen, an deren Ufer die Frauen ihre Wäsche waschen und ausklatschen. Dabei stehen sie selbst mit ihren Kleidern tief im Wasser. Der Duft schwarzbrauner Vanilleschoten schwebt in der Luft. An einem rostigen Fahrrad, kann man zuschauen, wie aus Kokosfasern Seile hergestellt werden. Auf einer kleinen Insel wird uns auf einem Bananenblatt ein vegetarisches Curry mit Chapati serviert. Kenner Indiens behaupten, dass sich nur auf einem Bananenblatt der Geschmack des Essens richtig entfaltet. Außerdem muss kein Geschirr gespült und gestapelt werden. Wirft man das Ganze anschließend einschließlich der Essensreste hinters Haus, machen sich die Rindviecher und Schweine darüber her und nichts bleibt mehr übrig. Also in mancher Hinsicht sind dann die Inder doch recht umweltbewusst. Danach schippern wir auf einem anderen Boot durch die großen Wasserstraßen. Zirpende Grillen und schreiende Vögel beleben die nachmittägliche Ruhe.

Am Abend gehen wir ans Meer und helfen den Fischern beim Einholen der großen chinesischen Fischernetze, die mittels eines Hebebalkens, bedient werden. Bereits im 13. Jahrhundert wurden diese von chinesischen Kaufleuten eingeführt. Um sie zu bedienen, werden mindestens vier Männer benötigt. Aus dem Fang können wir einen Fisch erwerben, der uns dann in einem Freiluftrestaurant gegrillt wird. Frischer geht es nun wirklich nicht.

Heute verbringen wir den ganzen Tag, ohne etwas Richtiges zu unternehmen. Wir gehen in den Beautysalon und lassen uns eine Papayaeismaske verabreichen, schreiben Mails und Postkarten. Als wir am späten Nachmittag zum Meer runtergehen, herrscht dort eine Menschenansammlung wie auf einem Jahrmarkt und alle starren aufs Wasser. Dann gleitet langsam ein riesiger Koloss von Schiff an uns vorbei. Die Queen Marry 2, einer der berühmtesten Luxusliner der Welt hatte Stopp in Kochi gemacht, und fährt jetzt wieder aus dem Hafen auf das Meer hinaus.

Es ist der 1. Mai, aber in Indien ausnahmsweise kein Fest. Wir fahren rüber auf die Insel Vypeen und wollen dort auf der einzigen Straße bis zur anderen Seite an den Strand mit dem Rad fahren. Auf der engen Straße haben wir mit den Rädern kaum eine Chance am Verkehrsleben teilzunehmen. Nach kurzer Zeit drehen wir um, setzen uns an die Uferpromenade und schauen den Delfinen beim Springen zu. Unser Abendessen findet heute im „Mango Tree" Restaurant statt. Ein riesiger Mangobaum, dessen Früchte fast unsere Teller erreichen. Die Speisekarte übertrifft hier jegliche Angebote. Sina lässt sich heute eine Pizza schmecken, die wirklich mit jedem Italiener mithalten kann. Ich esse ein „Dum Aloo Kashmiri", eine sehr lecker gefüllte Kartoffel mit einer noch leckeren Sauce.

In Indien sind Ferien und so müssen wir hier zwei Tage länger verbringen als geplant. Alle Zugtickets nach Goa sind ausverkauft. Ich buche uns einfach noch einmal eine Backwatertour, da unser Zug erst heute Nacht fährt. Unser Gepäck können wir im „Adams Old Inn" abstellen, wo wir auch die Tour für heute gebucht haben. Mr. Ashraf sagt uns, dass wir vor der Abreise noch einmal duschen können. Außer dem Bootsmann unternehmen wir heute die Fahrt alleine. Es geht durch unbewohnte Natur auf glasklaren sehr engen Wasserstraßen. An einigen Stellen will die Natur mit ihren Pflanzen und ausgestreckten Ästen den Kanal zu wuchern lassen. An einer kleinen Fabrik, in der Muscheln zu Kalk zermahlen werden, welches dann zu Zement oder Tabletten verarbeitet wird, hält das Boot an. Nach dem Lunch fahren wir mit einem Auto zum Strand. Das verspätete Sonnenlicht glänzt vergoldet über dem Wasser. Palmen stehen fast bis ans Meer ran, und spenden mit ihren großen Wedeln einen schönen Schatten. Auf der Rückfahrt sind die Straßen völlig überfüllt. Heute ist Karfreitag und in jedem Ort, wo eine Kirche steht, und in der Gegend gibt es viele Christen, gehen die Menschen zur Karfreitagsmesse. Das Auto kommt nur mäßig voran, und wir befürchten schon, dass der Zug ohne uns den Bahnhof verlässt. Aber unser Fahrer kennt ein paar holprige Schleichpfade und so sind wir kurz vor 20.00 Uhr im Adams Old. Die Dusche müssen wir nacheinander benutzen. Ich sitze unten in der Rezeption. Als ich aufstehe und an einem Plakat etwas angucken will, schaue ich kurz auf den Bildschirm des Nachtportiers. Da guckt der sich doch tatsächlich ein paar Pornoseiten an.

Um 21.30 Uhr steht unser Taxi vor der Tür. Die Straßen gehören uns jetzt fast alleine. Auf dem Bahnhof gibt es einen Extrawarteraum nur für Frauen. 1.000 Kilometer Fahrt liegen vor uns. Draußen an den Waggons sind Zettel befestigt, wo die Namen der Passagiere und ihre Plätze eingetragen sind. Wir begeben uns gleich auf unsere Sitznummern. Unsere Mitreisenden nehmen erst noch ihr Abendessen ein. Dabei ist es wirklich verwunderlich, wie sie einen Bhatura mit der rechten Hand zerteilen, ohne es mit der anderen Hand festzuhalten. Auch das Trinken aus einer Wasserflasche ist bemerkenswert. Ohne die Flasche mit den Lippen zu berühren, scheint es, als würden sie die Flüssigkeit einfach durch die Kehle laufen lassen. Nachdem sie auch noch ihre Samosas in Chilisoße verspeist haben, falten sie ordentlich das Zeitungspapier, indem sie eingewickelt waren zusammen, und werfen es anschließend aus dem Fenster. Das Mahl des Mannes wird mit einem lauten Rülpser, der gnadenlos in die Abteilluft ausgelassen wird beendet. Der Nachtwagenschaffner kontrolliert noch einmal die Fahrkarten, und verteilt die Kopfkissen. Endlich können wir uns hinlegen. Ich liege rechts ganz oben, Sina schräg unten auf der anderen Seite. Es ist schon immer etwas mühselig mit dem ganzen Gepäck, sich dort oben einzurichten. Dann verweigert Sina auch noch sich hinzulegen. Aus ihrem Gepäcknetz krabbelt eine ansehnlich große Schabe heraus. Der erste und einzige kleine Streit zwischen uns bricht aus. Ich komme nicht noch einmal runter, Sina muss mit dem Tier alleine fertig werden. Allen Mut zusammengenommen zerquetscht sie das Tier zwischen zwei Papiertüchern.

Ein wahres Sprichwort in den Subtropen besagt, „*dass man Kakerlaken im Hellen erst dann zu Gesicht bekommt, wenn es schon so viele sind, dass in ihren dunklen Ritzen Platznot herrscht*".

Das erzähle ich Sina natürlich nicht. Eingemummelt bis über die Nasenspitze fällt sie dann in einen tiefen Schlaf.

Am Morgen muss ich auf die Toilette, was man zwar vermeiden will, aber nicht immer kann. Man hat die Wahl zwischen Western Style (Sitz WC) und dem Indian Style (Hock WC). Im Indian Style WC befindet sich der Rest der Familie Schaben. Also doch Western Style. Unser morgendliches Waschritual beschränken wir auf das Haare kämmen und uns mit einem Feuchttuch etwas zu erfrischen. Der Zugportier sammelt das Bettzeug ein, die Betten werden hochgeklappt. Die Drei-Personen-Sitz-Bank, auf der wir sitzen, ist nur ein paar Zentimeter größer als eine europäische Zwei-Personen-Sitz-Bank und wir kommen uns vor wie Heringe in einer Büchse, in die sich zwei Wale verirrt haben. Mein Sitznachbar hat auch keine großen Berührungsängste und so fühle ich, als er nochmals einschläft, wie er immer weiter in meine Richtung kippt.

Früh in Mangalore angekommen haben wir noch fünf Stunden Aufenthalt. Die Rucksäcke geben wir in der Gepäckaufbewahrung ab und gehen dann aus dem Bahnhofsgebäude. Hunger macht sich breit in unserem Magen. Das Letzte haben wir, außer ein paar Bananen, gestern zum Lunch auf unserer Backwatertour gegessen. Ein kleiner Bäckerladen hat bereits geöffnet. In zehn großen Gläsern liegen verschiedene Sorten Gebäck. Gierig schlinge ich ein paar Zuckertörtchen hinunter. Danach habe ich erst richtig Appetit auf etwas Deftiges. Der Lieferservice bringt immer noch mehr Leckereien in den Laden. Ich hole mir noch ein fast warmes Blätterteigstück mit Gemüse. Da die Stadt rund um den Bahnhof nicht viel zu bieten hat, suchen wir ein Internetcafé und schreiben ein paar Mails. Bevor wir zurück zum Bahnhof gehen, setzen wir uns noch in ein „Indian Coffee House". Neben uns sitzt eine Großfamilie, die ordentlich aufgetischt hat. In Indien isst man meistens mit den Händen und verwendet dazu nur die rechte Hand, die linke gilt als unrein. Selbst Spaghetti werden so gegessen. Mit einem Löffel werden Reis und Curry auf den Teller getan und dann mit einem Weizenfladen einzelne Fleisch- oder Gemüsestücke eingewickelt und in den Mund gesteckt. Oder man vermischt etwas Curry mit dem Reis zu einem hinreichend trockenen Brei, der entlang den anderen Fingern mit dem Daumen in den Mund geschoben wird. Die linke Hand, sollte sie nicht gerade ein Handy am Ohr halten, verschwindet unter die Tischplatte. Als sie mit dem Essen fertig sind, sieht die dunkelrote Tischdecke ungefähr so aus; diverse halb leer gegessene Schüsselchen, die ganze Tischdecke ist mit Soße, Reis und Linsenbrei bekleckert, die leer getrunkenen Gläser, sehen durch die fettigen Hände sehr beschlagen aus.

Unser Zug steht schon auf den Gleisen. Haben wir uns in der Zeit vertan? Schnell holen wir unser Gepäck und sichern uns einen Sitzplatz. Der Zug steht noch knapp eine Stunde im Bahnhof, wobei er immer voller wird. Aus dem Fenster guckend, sehe ich an der Wand, was bei uns Feuerlöscher genannt wird. Vier Eimer hängen an einer Hakenleiste, gefüllt mit Wasser und der Aufschrift „Fire". Drei Jugendliche haben sich zu uns gesellt. Sie essen und trinken. Leere Plastikflaschen fliegen aus dem Fenster. Wir versuchen, ihnen verständlich zu machen, dass man das Leergut nicht in die Natur wirft, ernten aber nur ein verständnisloses Lächeln. Nach Erkundungen von den Passagieren erreicht die Spanne der Kilometer vom Bahnhof Canaconda bis zum Ziel unserer Fahrt, Palolem Beach, 4-10 Kilometer.

Kurz vor 20.00 Uhr erreichen wir den Bahnhof. Eine Rikscha fährt uns nach Palolem.

Wir nehmen gleich ein Hostel an der Straße, da wir morgen sowieso an den Strand umziehen wollen. Gegenüber im Restaurant gehen wir noch etwas essen.

Bevor wir einschlafen, will ich noch Wasser zum Zähneputzen, für morgen früh in einem Tauchsieder abkochen. Erschöpft fallen wir auf unsere Betten und schlafen ein. Im Halbschlaf öffne ich meine Augen und sehe ein Flimmern vor meinen Augen, falle aber aus Müdigkeit wieder in den Schlaf. Plötzlich ein stechender Geruch, ich springe aus dem Bett und reiße die Gardine von der Stange. Der Tauchsieder hatte sich leer gekocht und fing an zu glühen. Da es nur eine Steckdose in der Nähe des Fensterbrettes gab, wo der Kocher draufstand, fing die Gardine an zu brennen. Das war knapp. Ich kürze dann beide Hälften der Gardine, um zwanzig Zentimeter, und hänge sie wieder an die Stange.

Noch vor dem Frühstück suchen wir uns am Meer eine Hütte. Im Resort Palolem ziehen wir 30 m vom Strand entfernt, in eine „Co-Co Hut", ein. Dann liegen wir in der Sonne, lesen, trinken, baden, shoppen und am Abend gehen wir hinauf in ein Restaurant auf einem großen Felsen am südlichen Ende der Bucht. Die Abendluft hängt wie ein weiches Samttuch über dem Meer und der Glutball Sonne verschwindet in der abendlichen Stille. Die Kühle der Nacht ist jedoch immer noch so hoch wie ein heißer Sommertag in Deutschland.

Vor genau 18 Jahren steuerte ich mit Rainer in Palolem mit einem Boot auf die Bucht zu. Eine halbmondförmige Bucht, weißer Strand, ein Palmenhain mit einigen kleinen Fischerhütten und am Ufer liegenden Einbaum Booten, mehr gab es nicht. Ein geradezu malerischer Strand und bestgehütetes Geheimnis Goas. Heute ist die komplette Ufersichel zugebaut. Restaurants und Unterkünfte, zwar nur aus Bambus gebaut, stehen entlang des gesamten

Strandes. Keine Hotels aus Stein, aber was nicht ist, kann ja (hoffentlich nicht) immer noch werden. Das der Ort noch nicht durch die saisonale Besucherschwemme gänzlich verdorben ist, hat man nur der Gemeinde zu verdanken.

An dem ausgedehnten Strand trifft sich nun fast die halbe Welt. Und wenn man sich so umschaut, stellt man sich oft vor, woher die Leute vielleicht kommen oder welchen Gruppen sie angehören. Da sind die Japaner, die man auch als Japaner erkennt. Dann gibt es die Israelis, die oft schon von weitem zu hören sind, und deren Frauen man an ihrem militärischen Gang erkennt. Ihre Männer, wobei fast die Hälfte aller aus dem Militärdienst entlassene Soldaten sind, sie rauchen oft Bombay Black (eine starke Variation von Haschisch), konsumieren Magic Mushrooms, LSD und Ecstasy, um sich auf einen unendlichen Trip zu begeben und die Bilder des Krieges aus ihren Gedanken zu löschen. Beim Techno Trance stampfen sie sich sämtliche Aggressionen aus dem Leib. In Arambol wurde bereits von der Antidrogenbehörde in Israel ein „warmes Haus" eingerichtet, welches die hiesigen „Ausgeflippten" therapiert. Dann trifft man noch die Gruppe der europäischen Inder, die Haare aus einer Mischung Dreadlocks oder Rastafari, in wallenden Gewändern sitzend, versuchen sie, auf abgelegenen Felsen zu meditieren. Die Amerikaner, ich meine die, die es schaffen aus ihrem Land sich fort zu bewegen, tragen meist Globetrotter Sachen und ein gebügeltes Hemd. Ja, und dann haben wir noch die russische Gemeinde, die man an ihren dicken Goldketten und bereits am Vormittag Wodka trinkend, erkennt. Aber auch die Gruppe der neonfarbenen Bikiniträgerinnen haben schon in Goa Einzug gehalten.

Goa ist nicht Indien, und darum gibt es hier auch alle Sorten von Menschen, die aus unterschiedlichen Gründen reisen. Da ist der Pauschaltourist mit Niveau, der mal was anderes sehen möchte, der Pauschaltourist ohne Niveau, der mal Moped fahren, Palmen sehen und billig Bier trinken möchte. Die Aussteiger und der Robinson-Crusoe Typ, die Party- und „coolen" Techno- und Hipp-Hopp - Chill-out Freaks, die letzten verbliebenen Hippies, oder die, die es gerne wären. Prolls, die nichts interessiert außer oft kiffen und saufen, die Esoteriktypen, die glauben das Indien geheimnisvoll und Magic wäre und ihr Leben lang auf der Suche nach irgendetwas sind. Zum Glück gibt es aber noch die Leute und Traveller, die an Indien, Goa und der Welt interessiert sind. Nun kann man sich sicher die bunte Mischung Menschen am Strand vorstellen.

Es weht eine leichte Morgenbrise. Sina geht joggen, ich versinke im Meer. Anschließend genießen wir nach Klängen indischer Musik ein erholsames Frühstück. Poridge, Omelette, Hash brown potatoe, die haben weder was mit Hasch noch mit „Brown Sugar" zu tun, sondern sind so etwas wie Kartoffelpuffer. Dazu Hot Lemmon Ginger tea und Pineapple Lassi.

Heute trödeln wir so in den Tag hinein. Am Nachmittag schlendern wir durch das Zentrum von Palolem. Dort, wo sich der Haupteingang befindet, sind die Stände gefüllt mit einer Vielzahl von Kleidungsstücken, Schmuck und Taschen. Genauso vielfältig wie die Menschen, versuchen auch die Restaurants die Bedürfnisse der Touristen zu befriedigen. So kann man sich auf eine außergewöhnliche Interpretation mediterraner Klassiker gefasst machen, wobei die italienische Pasta in Chili ertrinkt und eine Pizza unter einem Berg Pommes verschwindet. Das heutige

Abendessen war also nur ein Versuch, auf den ich mich jedenfalls nicht noch einmal einlasse.

Da wir heute eine Radtour machen wollen, gehen wir gleich hinter unserer Hütte quer durch zur Hauptstraße. Hier sieht das Leben allerdings schon anders aus. Ein Wäscheservice verbirgt sich unter einer aus blauer Plastikplane überzogener Bambushütte. Verwahrloste Köter und Schweine in allen Größen suhlen sich im staubigen Sand oder versuchen, aus dem Restmüll, der durch die Gegend fliegt, noch ein paar nahrhafte Stücke zu erhaschen. Zwei Kinder kommen lächelnd aus ihrer Hütte und grüßen uns. Trotz der Armut brennt ein Licht in ihren Augen, ein Licht, was vielleicht auf eine bessere Zukunft hoffen lässt. An der Fahrradausleihstation ist niemand zu sehen, die Tür ist geschlossen. Sina fragt nebenan den Kioskverkäufer, ob er Bescheid weiß, wann hier jemand kommt. Schwerfällig, sein dicker Bauch wölbt sich über den heruntergerutschten Hosenbund, kommt er hinter seiner Ladentheke hervor. Er ruft jedoch gleich eine Nummer an und wenig später erscheint eine Frau, deutschen Ursprungs. Sie gibt uns den Tipp, zum Turtle Beach zu fahren. Das sind so ungefähr acht Kilometer. Die Straße führt durch eine kleine Ansammlung schöner Häuser. Außer ein paar Mädchen, die dann auch bald verschwunden sind, ist niemand weiter an der einsamen Bucht zu sehen. Nur ein erster kleiner Kiosk mit Sitzgelegenheit und Verleih eines Sonnenschirmes ist zu sehen. Ich mache es Sina zur Aufgabe, irgendwann im Leben noch einmal hierher zu fahren und zu gucken, was aus dem Turtle Beach geworden ist.
Am Nachmittag radeln wir wieder zurück. Faule Touris liegen, weiß mit einem Sonnenbrand oder schon dunkel gebräunt, auf Liegen oder im Sand. Andere kämpfen mit

den Wellen im Wasser. Nach dem Abendessen gehen wir in die Silver Bar, trinken zwei kühle Breezer und spielen gegen zwei junge Amerikaner Billard, wobei wir beide Spiele tatsächlich gewinnen.

Schon vor dem Frühstück machen wir eine Wanderung an das nördliche Ende der Bucht. Über den Gezeitenfluss gehen wir zu der kleinen Insel hinüber und schauen uns ein wenig um. Da der Fluss bald anfängt zu steigen, müssen wir jedoch demnächst umdrehen. Zwei lustig dreinschauende abgemagerte Opis mit Sonnenbrille versuchen uns Ananas und Kokosnüsse zu verkaufen und sie schaffen es mit ihrem Charme, dass wir gleich zwei Ananasse kaufen. Hier schmecken diese Früchte auch ganz anders, sehr intensiv, süß und saftig, da sie richtig ausgereift geerntet werden. In Goa ist „chillen" Pflicht und so legen wir uns ebenfalls faul auf unsere Liegen vor unserer Hütte. Frauen behangen mit Unmengen von Schmuck bieten diesen zum Verkauf an. Masseure kommen und wollen uns eine Massage verabreichen. Na gut, für eine Fußmassage gebe ich mich den bereits ölverschmierten Händen des Mannes hin. Sina wird später von mir am Strand massiert. Anschließend Maniküre, Pediküre, dankend lehnen wir ab. Die Feilen haben wahrscheinlich, ohne jemals gereinigt worden zu sein, schon Menschen des ganzen Erdreichs behandelt. Gegen 17.00 Uhr werden unsere Liegen zu Tischen um-funktioniert, ein rot kariertes Tischdeckchen und eine Kerze drauf, und alles ist für den Abendbetrieb vorbereitet. Heute essen wir hier in unserem Resort. Der Manager, Swami, ein junger Mann, gesellt sich zu uns. Das Essen ist köstlich und wieder geht die Sonne, zwischen den beiden vorgelagerten Inseln und unserer Bucht unter. Die glühende Hitze des Tages versinkt mit ihr. Am frühen Morgen ist es wirklich am schönsten. Ein zarter Nebel, vermischt mit dem Gold der Morgensonne, dringt durch die geöffnete Tür bis unter unser Moskitonetz. Absolute Ruhe, nur das leise Schlagen der Wellen und der Wind, der die Palmenwedel leicht zum Schwingen bringt. Swami serviert uns heute das Frühstück in unsere Hütte. Ich glaube er hat es ein wenig auf Sina abgesehen. Aber er ist nicht aufdringlich, er spürt wahrscheinlich die schützende Hand der Mutter, die auf ihrer Tochter liegt. Um 10.30 Uhr gehen wir heute zum Kochkurs. In der heimischen Küche von Frau Shaikh kochen wir vegetarischen Masala und Dhal. Das Wichtigste beim indischen Kochen ist, dass man die Gewürze zunächst in Öl anbrät, dabei entfalten sie ihre volle Würze, welche einem aber auch mächtig in die Nase zieht. Wir müssen husten. Durch die Hitze beim Kochen, und den scharfen Gewürze läuft uns der Schweiß liter-weise aus dem Körper. Ich möchte euch an dieser Stelle drei Rezepte aufschreiben und wenn ihr diese zur kalten Jahreszeit kocht, wird euch bestimmt ein bisschen warm.

## 1. Vegetarisches Masala:

**Zutaten:** *Karotten, Kartoffeln, Bohnen und Blumenkohl, ½ Zwiebel, Knoblauch, eine Tomate und 1TL Ingwer*
*1TL Garam Masala, ½ TL Kurkuma Pulver, ½ TL Chili, ½ TL Salz, 1TL Cuminsamen*
*Öl stark erhitzen, Cuminsamen anrösten, Knobi und Ingwer hinzufügen, Zwiebel anbräunen,*
*Gewürze 2 Minuten mit anbraten, Tomaten und Gemüse in die Pfanne geben und ebenfalls anbraten lassen. Dann mit*

*einer kleinen Tasse Wasser auffüllen und 10 Minuten köcheln lassen.*

## 2. Aloo Gobi:

*ist fast wie zu vor, nur mit Kartoffeln und Blumenkohl zusätzliche Gewürze sind 2 TL Koriander Pulver, 1TL Kurkuma und ½ TL Senfsamen, kein Garam Masala*

### 3. Dhal fry:

**Zutaten***: gelbe Linsen, Salz, 1/2 TL Kurkuma, 2 TL Koriander Pulver, 1TL geschnittener Ingwer, 1Chillischote im Ganzen, Knobi, 1 Zwiebel, 1/2 TL Cuminsamen, 1 große Tomate, frischen Koriander*
*Linsen in Wasser mit Salz einweichen. Öl stark erhitzen, Cuminsamen anrösten, dann Knobi und Ingwer hinzufügen, Zwiebel anbräunen, Tomate stückeln, alles 2 Min. kochen, eingeweichte Linsen hinzufügen und nochmals 5 Minuten köcheln, mit frischem Koriandergrün bestreuen.*

*Guten Appetit!*

Um 20.00 Uhr holt uns der Rikscha Fahrer ab und fährt uns in das Dorf, wo der Bus nach Hampi starten soll. Etwas verloren stehen wir auf einem staubigen leeren Platz mit einem Baum in der Mitte. Ganz genau wissen wir nicht, wann der Bus abfährt. Am Ende des Platzes sehe ich einen kleinen Laden. Eine freundliche Frau schaut aus der Luke ihres Kiosks. Ihre drei Kinder sitzen hinten in der Ecke auf dem Boden und spielen. Ich kaufe Kekse und Bananen und frage, ob wir auf der Bank auf unseren Bus warten können. Nach wenigen Minuten schauen die drei Kinder neugierig grinsend mit ihren weißen Zähnen um die Ecke. Ein Mädchen und zwei Jungs. Der Kleine fängt gleich an, artistisch die Regenrinne hinaufzuklettern. Das Mädchen setzt sich zu uns auf die Bank. Natürlich wird unentwegt gekichert. Sie schreiben uns ihre Namen auf. Das Mädchen heißt Sunita, der große Bruder Babudas und der kleine Schelm ist Sugan. Noch einmal vollführt er mit Hilfe seines Bruders ein paar Kletterübungen auf das Haus. Dann fassen wir uns alle an, lassen wieder los und drehen alle die Handflächen nach oben zeigend um. Da erst wundern sich die Kinder, wie weiß unsere Hände sind. Das Mädchen streichelt Sinas Handflächen sachte mit ihren dunklen Fingern. Sugan sitzt schon wieder auf einem Balken in drei Meter Höhe des Hauses. Sie lachen und albern rum. Sina versucht, ein bisschen Englisch mit Sunita zu lernen. Dann ruft die Mutter uns zu, dass der Bus gleich kommen wird. Die Kinder, obwohl es jetzt schon fast 22.00 Uhr ist, dürfen uns noch zum Bus begleiten und winken uns zu, als wir abfahren.

Es ist ein Schlafbus. Die anderen Insassen liegen bereits in ihren Kojen. Unsere Plätze befinden sich gleich vorne hinter dem Busfahrer. Wir bauen uns unsere Sitze nach einer Stunde zum Bett um. Die Tür zum Cockpit des Fahrers schließt nicht und schaukelt ständig auf und zu. Damit der Fahrer nicht einschläft, wird die ganze Zeit geredet. Der Bus muss ständig von der Fahrbahn auf den Sandstreifen runterfahren, um den voll beladenen Herr-schern der Landstraße auszuweichen. Dabei wirbelt staubiger roter Sand ins Fenster. Also Fenster schließen, das bedeutet aber stickige Luft. Wir versuchen zu schlafen, aber die grellen Lichter der LKWs scheinen uns immer wieder durch die Frontscheibe ins Gesicht und die unzähligen Bodenwellen heben uns, wie auf einem Sprungbrett, ab.

Erst in den frühen Morgenstunden scheinen wir ein wenig eingeschlafen zu sein. Um 7.00 Uhr werden wir, eine halbe Stunde Fahrt, vor Hampi geweckt. Jetzt scheinen uns die hellen Sonnenstrahlen ins Gesicht. Der Rücken schmerzt. Frühstückspause. In einer großen Halle in einem Hotel, was auch schon einige Jahrzehnte ohne Renovierung ausgehalten hat, verteilen sich unsere Mitfahrer an die Tische. Eine Speisekarte gibt es nicht und Englisch versteht der Kellner auch nicht. Wir bestellen ein Toast mit Marmelade. Schmeckt trocken und schrecklich süß. Weiter geht die Fahrt.

Die bizarre Landschaft beeindruckt bereits schon kurz vor Hampi mit seinen riesigen Felskonstellationen und Granitblöcken, so groß wie Häuser.

**Hampi** ist ein vergessenes Königreich. Einst die Stadt des Sieges, war vor ungefähr 800 Jahren die Hauptstadt des hinduistischen Königreiches Vijayanagar. Etwa 200 Jahre herrschte aufgrund des Handels mit Baumwolle, Juwelen und Gewürzen großer Wohlstand. Reisende im 14. -16. Jahrhundert berichten über den Glanz und Reichtum der Stadt, wobei die Märkte von Seide und Edelsteinen nur so überquollen. Reich geschmückte Paläste, berauschende Feste mit tanzenden und Juwelen behangenen Kurtisanen wurden gefeiert. Doch dann wurde die Stadt von den Moslems belagert, geplündert und gebrandschatzt. Übrig blieben eingefallene Häuser, verlassene Tempel und das gut durchdachte Bewässerungssystem. In einem unerbittlichen Kampf mit den muslimischen Gegnern aus dem Norden wurde die Stadt innerhalb einer Woche völlig zerstört. Die Geschichte erzählt, dass die seltsamen großen Steine von den Soldaten als Beweis ihrer Muskelkraft verstreut worden sind.

Wir entscheiden uns für das Hostel am Ende der kleinen Nebenstraße mit Blick auf den Fluss und den bizarren Felsen auf der anderen Seite. Es ist gleich 12.00 Uhr. Bevor die lokale Polizeistation Mittagsschläfchen hält, wollen, vielmehr müssen wir und auch alle anderen Ausländer sich registrieren lassen. In dem kleinen Büro sitzt, an den Fingernägeln kauend ein gelangweilter Polizist. Es scheint, als würde sein Kopf, durch den zu kurzen Hals hinunterrollen. An den nackten Felswänden hängen Plakate und Steckbriefe von Verbrechern und Warnungen vor Überfällen und Drogenhandel. Wir schreiben uns in das große Buch ein und werden noch gewarnt, zum Einbruch der Dunkelheit nicht mehr auf die Straße zu gehen. Da wir uns schon am Ende der Bazar Straße befinden, besteigen wir gleich die Stufen hoch zum Matanga Hill. Die Mittagshitze strahlt, auch noch zusätzlich von den aufgeheizten Steinen, erbarmungslos auf uns ein. Ein fantastischer Anblick über das überwältigende Ausmaß an Steinen, Schreinen und Tempeln der weitläufigen Ruinenstätten. Zwischen den abgelegenen Steinruinen mit den umgekippten Granit- felsen und dem ausgedörrten Gras hören wir nur den warmen Wind. Meine Worte verhallen an den dicken Wänden der leeren Hallen. Schmale abgemagerte Hunde hecheln durch die verfallende Pracht oder liegen schlafend in den Ecken der Ruinen. Ein Sadhu sitzt im Halbdunkel einer Felsspalte. Ein Mann trägt eine Schulterwippe, beladen mit Steinen. Es ist verwunderlich, wie er das mit seinen dürren Beinen bewältigen kann. Unter einem großen Schatten spendenden Baum unten am Fluss, legen wir eine Mittagspause ein, die begleitet wird von einem Alu dum (Kartoffelcurry) und einem Palak paneer (Spinat

171

mit Käse). Am späten Nachmittag schlendern wir dann genauer betrachtend über den Hampi Bazar. Leider sind die einstigen teils 500 Jahre alten Villen entlang des Bazars in einem desolaten Zustand. Bewohnt werden sie heute von der Dorfbevölkerung oder landlosen Bauern. Betrachtet man sie aber näher, kann man kleine Details der damaligen Zeit finden.

Auf einem vierrädrigen Wagen stehen aufgetürmt auf großen tiefen Tellern knallig rotes, pinkes und gelbes Farbpulver für religiöse Bemalungen. Ochsen rennen kreuz und quer über die Straße, räudige Tölen liegen im staubigen Sand und sind hoffentlich viel zu schwach, um uns zu beißen. Ein aus Granitfelsen gehauener steinerner Nandi (Bulle), steht am Ende der Straße.

Am Abend, wenn um 18.30 - 22.00 Uhr die offiziellen Gebetszeiten im Virupaksha-Tempel stattfinden, wird der Innenhof von den Gesängen und Gebeten der Gläubigen, sowie dem Läuten der Tempelglocken beherrscht. Der Tempelkomplex besteht aus dem Heiligtum des Gottes Shiva, Säulenhallen und bis 42 m hohen Eingangssäulen. Mit Pauken und Trompeten zieht ein kleiner Hochzeitszug zum Eingangstor hinaus. Es wird geheiratet, inmitten der dunklen Nacht, begleitet von einem Feuerwerk. Die Braut sieht etwas mitgenommen aus, wahrscheinlich hat sie ihren Ehemann erst vor ein paar Stunden kennengelernt. Es ist bei einer hinduistischen Eheschließung auch heute noch Tradition, dass die Eltern den Ehepartner aussuchen.

*„Es waren einmal, ein Junge und ein Mädchen, die sich ohne Erlaubnis der Eltern verliebten. Sie gehörten verschiedenen Kasten an, was natürlich gegen jede Regel verstößt. Heimliche Treffen, wer kann die Macht der Liebe zerstören? Die Eltern der Kinder. Sie wurden von ihren*

172

*Eltern erhängt und die Dorfbewohner schauten zu. Und das ist kein Märchen, sondern verdammte Realität."*

Mit einem gestern Abend angesprochenen TukTuk Fahrer unternehmen wir heute eine Fahrt zu den vielen anderen Tempelstätten außerhalb der Stadt.

Steinerne Elefantenställe, Säulenhallen, Schwimmbäder für die Haremsfrauen, steinerne Tempelwagen, beeindruckende Reliefs und Inschriften erzählen wahrscheinlich Geschichten, die so alt sind wie die Welt.

Die Elefantenställe sind eine der wenigen Gebäude, die nicht zerstört wurden. Das lange Gebäude mit elf gewölbten Kammern, wurde zur Unterbringung der königlichen Elefanten genutzt.

Wenn Steine musizieren können, das ist das Rätsel der musikalischen Säulen des Vittala Tempels. Die alten indischen Baumeister waren von der Idee, Säulen klingen zu lassen, so begeistert, dass sie 56 Hauptsäulen, die jeweils von sieben kleineren Säulen umgeben sind, die wiederum sieben verschiedene Musiknoten aussenden, erschufen. Schlägt man eine Säule mit dem Daumen an, erzeugt man einen einzigartigen Klang, der so klingt als würden mehrere Glocken auf einmal läuten. Um die Neugierde der britischen Herrscher Indiens zu stillen, hinter das Geheimnis der musikalischen Säulen zu kommen, schnitten sie zwei Säulen ab und untersuchten sie, fanden aber nichts. Auch heute verblüffen die klingenden Säulen noch Archäologen, Wissenschaftler und Besucher. Vor dem Vitalla Tempel steht ein riesiger Steinwagen mit Rädern aus Granitblöcken gebaut. Rund um den Wagen sind Kampfszenen in den Stein gehauen. Vor dem Wagen sind zwei Steinelefanten positioniert, als würden sie den Wagen ziehen.

Unser Hostelbetreiber hat uns gestern überredet einen Ausflug mit ihm, zu verschiedenen Attraktionen ca. 60 Kilometer weit, zu machen. Wir haben lange überlegt, eigentlich war es ganz schön teuer und den halben Tag werden wir mit Fahren verbringen.

Schon gleich nach dem Ortsausgang von Hampi haben wir eine Panne und müssen aussteigen. Auf der Straße kann man aber nicht stehen, da sich links eine Mauer befindet. Schon von weitem sehe ich einen rasenden LKW direkt auf uns zukommen. Wir pressen uns an das Auto. Erst kurz vor uns weicht das Ungetüm ein wenig zur Seite aus. Manchmal sind es wirklich nur wenige Zentimeter, die zwischen Leben und Tod entscheiden. Ich hole tief Luft und sage unserem Fahrer, dass wir wieder zurückfahren wollen. Unser Hostelbesitzer, der auch mit auf die Tour gekommen ist, überredet uns nochmals, weiter mit zu fahren. So holpern wir Kilometer für Kilometer über den welligen Asphalt. Wenn wir fragen, wann wir endlich ankommen, sagt Mr. Archana immer nur: „Wir sind gleich da". Aber das dauert dann wieder noch eine halbe Stunde, bis wir wieder fragen und die gleiche Antwort erhalten. Unser Auto stoppt, vor uns ist eine Panne und der entgegenkommende Verkehr lässt uns nicht vorbei. Der Fahrer des Wagens dachte nicht daran, an den Straßenrand zu fahren. Nein, man bleibt stehen, wo man ist. Mit Zweigen und Ästen hat er die Straße etwas abgesperrt. Pannendreiecke kennt man hier natürlich nicht. Und wenn der ganze Motor ausgebaut ist, wird erst einmal unter dem Auto ein Schläfchen gemacht. Vor lauter Ärger haben wir keine Lust, in die Anlage unseres ersten Stopps zu gehen, setzen uns vor das Kassenhäuschen und warten bis Mr. Archana sich alles angeguckt hat.

Als wir in **Badami** einfahren, fragen wir uns, was wir hier denn wollen. An den Straßenrändern türmt sich der Müll, es stinkt und die Schweine entspannen sich grunzend in den Abwasserrinnen. Aber hier befindet sich ein riesiges Felsenheiligtum aus rotem Sandstein aus dem 6./7. Jahrhundert, reich mit Ornamenten und Statuen ausgestattet. In den Höhlen wurde die Götterwelt fein detailliert aus dem weichen Sandstein gehauen. Erotik aus Sandstein und das, obwohl bekanntermaßen Indien ein gespaltenes Verhältnis zum Thema Sex hat. Aber die Bildhauermeister der damaligen Zeit sahen das anders. Da werden höchst dramatische Liebesspiele, sowie Posen aus dem Kamasutra (altindisches Lehrbuch der Liebeskunst) dargestellt. Himmlische Liebestänzerinnen (Asparas) liebreizend mit ihren nackten prallen Brüsten. So mancher Porno fällt harmlos aus gegen die Szenen aus filigranem Sandstein. Aber auch kämpfende Dämonen, Elefanten und Götter sind auf den Friesen verewigt.

Dann fahren wir noch, ich weiß nicht wohin, in ein sehr schönes altes, auch aus Sandstein, angelegtes Schwimmbad. Hier geht es quirlig zu. Die Inder haben heute auch ihre freien Tage und gönnen ihren Kleinen eine feuchte Abwechslung in der sonst recht trockenen Umgebung. Umringt von einer Horde Kinder, versuchen sie, die paar Worte Englisch, die sie in der Schule gelernt haben, an uns loszuwerden. Und wenn der eine fragt: Where do you come from? fragt der Nächste dasselbe. Bei jeder Frage „What`s your name? denken wir uns immer wieder einen neuen Namen aus. Mal heißt Sina, Isolde und mal Yvonne, ich heiße mal Brunhilde oder Maruschka. Auf jeden Fall wird viel gelacht. Die Jungen versuchen uns, durch ihre Sprünge ins Wasser nass zu spritzen, was ihnen, wenn wir hüpfend zur Seite springen, ebenfalls viel Spaß bereitet.

Auf dem Rückweg haben wir mitten in einem Ort schon wieder eine Panne. Heißes Wasser sprüht aus dem Kühler. Wir steigen aus und laufen die Straße ein Stück entlang. Da kommt wieder eine Gruppe Kinder auf uns zu. Ausdruckslose Gesichter bohren sich in meine Augen. Nur ein Mädchen, dessen Lächeln scheint nie aus ihrem Gesicht zu verschwinden, nimmt mich an die Hand. Sie zeigt uns, wo sie wohnt. Auf der anderen Straßenseite steht direkt vor steinernen zweistöckigen neuen Häusern, eine Ansiedlung aus Holzgestellen mit alten Planen abgedeckt. Die Gefühle, die man hier auf den Straßen erlebt, kann man niemandem erklären oder verständlich machen, denn man versteht es selbst kaum. Wie kann Reichtum und Armut so dicht beieinander wohnen? Ich verteile Stifte an die Kinder. Sie wissen nicht, was sie damit tun sollen, und machen uns begreiflich, dass sie kein Papier haben. Ein Stück weiter befindet sich ein kleiner Laden, wir gehen dorthin und kaufen für jeden ein Heft. Die Kinder sind überglücklich. Wir ebenfalls, da auch unser Auto endlich wieder fahrbereit ist. Die Dämmerung bricht herein und wir hatten uns eigentlich vorgenommen, nicht mehr im Dunkeln auf der Straße zu fahren. Aber was sollen wir machen, man muss schließlich zurück. Und immer in der Nacht, rollen sie an, die riesigen Kolosse beladen mit Langholz oder überladen mit Steinen. Wenn man Glück hat, leuchtet ein Scheinwerfer, Pech ist, wenn er auf der anderen Seite ist und man nicht im Dunkeln sehen kann, in welchem Abstand das Fahrzeug von unserem entfernt ist. Wir sind so froh, als wir endlich 22.30 Uhr Hampi erreichen.

Aus dem leichten Morgenschlaf erwacht, erstrahlt ein neuer Tag. Ohne Zeitdruck wollen wir unseren letzten Tag genießen. Zum Frühstück bestellen wir uns ein Masala Dosa. Das ist ein knuspriger Pfannkuchen, der mit verschiedenen Soßen und Chutneys gegessen wird. Unser wurde wie eine kleine Schultüte, auf den Kopf gestellt, serviert. Als Sina von den Soßen kostet, tritt sie den Rückzug auf das übliche Toast mit Omelette und Marmelade an.

Mit dem Fahrrad fahren wir hinunter zum Tungabhadra River. Eine Horde frisch gebadeter Ochsen kommt uns auf den Treppenstufen entgegen. Hier herrscht ein buntes Treiben aus Zähne putzenden Menschen oder anderen vollziehenden hygienischen Vorgängen. Frauen waschen Wäsche und Männer gönnen ihren Elefanten ein morgendliches Bad. Einige Korbboote paddeln ebenfalls, auf Fährgäste wartend, am Ufer entlang.

Die andere Seite des Flusses ist durch eine Fähre verbunden. Die Fähre ist ein kleines Boot. Da der Einstieg keinen Steg hat, und je nach Wasserstand variiert, kommt man nicht drum herum, durchs Wasser zu stiefeln. Die Fahrräder werden von den zwei Bootsführern am Ende des Bootes auf eine Holzplattform gestellt. Es befinden sich jetzt achtzehn Leute, zwei Fahrräder und ein Moped an Bord. Auf der anderen Seite von Hampi ist es angenehm ruhig. Der Weg zum Affentempel führt uns über schmale Pfade, durch eine Felslandschaft, Reisfelder, Palmenhaine und kleine Wohnansammlungen, bis wir auf eine befestigte Straße stoßen. Frauen, die Schaufel für Schaufel die schwere Erde beiseite schippen, grüßen uns freundlich. Ein Fahrrad, an dem zwei Bambusstangen befestigt sind, an denen sich zwei Metallschalen voll mit Zement befinden, fährt an uns vorbei. Unten am Hanuman –

177

Affentempel angekommen, stellen wir die Räder ab und steigen die über 500 Stufen nach oben. Allerdings haben wir wieder die Sonne im Zenit erwischt. Schweiß bricht uns aus allen Poren. Der mit einer weißen Mauer eingefasste Weg, schlängelt sich wie ein sich ringelnder Wurm nach oben. Dort angekommen, hat man einen sagenhaften Rundblick auf die goldbraunen Felsbrocken, die grünen Bananenfelder und den Fluss. Bevor wir uns dann wieder auf das Abenteuer Fähre einlassen, setzen wir uns in ein unter einem großen Dach mit ganz niedrigen Tischen und auf dem Boden sitzend, netten Restaurant. Die zwei Kellner genehmigen sich gerade ein Mittagsschläfchen und merken erst als sie vom Schrei eines der Affen erschreckt aufwachen, dass sie zwei Gäste haben. Schnell springt einer von beiden auf und entschuldigt sich. Auf der Rückfahrt sind wir ganz alleine auf der Fähre.

Am Abend klettern wir noch hinauf auf das riesige Felsplateau gleich neben dem Virupaksha-Tempel. Hier liegen diverse große einzelne Felssteine, die eigentlich drohen runter zu rutschen. Außer dem Polizisten, dessen Aufgabe es wohl ist, die Touristen zu beschützen, ist hier kein Mensch zu sehen. Man kann immer wieder neue Ausblicke, weit über die Umgebung hinaus, entdecken.

In einem geradezu magischen Licht erstrahlt der Felsen, nachdem sich die Sonne auf den Weg zum Horizont macht. Eine kleine Echse sitzt auf einem Stein und man erkennt nur den Schatten des Tieres, durch die Blendung des hinter ihm untergehenden Feuerballs.

Hampi ist mit seinen umgebenen, den in der Landschaft stehenden verlassenen Tempeln und seinen noch teilweise gut erhaltenen Götterfiguren mit einer der schönsten Orte, die ich in Indien gesehen habe.

Noch hat der Massentourismus hier nicht eingesetzt, obwohl man kräftig daran arbeitet.

Erzählung eines portugiesischen Kaufmanns Domingo Paes im Jahr 1503:

*"Als ich auf den Hügel stieg, sah ich nicht alles, da die Stadt zwischen mehreren Hügeln eingebettet ist. Sie schien mir von dort oben aus so groß wie Rom und war herrlich anzusehen. Unterhalb des Mauerviertels fließt ein kleiner Fluss und ziehen sich Gärten mit vielen Obstbäumen entlang, meist Mangobäume, Betelnusspalmen sowie Brotfrucht-, Limonen -und Orangenbäumen, die so eng stehen, dass sie wie ein dichter Wald aussehen und nicht zu vergessen die Weinstöcke mit ihren gelben Trauben. Die Stadt hat so viele Einwohner, dass ich keine Zahl nennen möchte, weil ich befürchten müsste, dass man sie für erdichtet hält, aber ich versichere, dass keine Truppe, zu Pferd oder zu Fuß, sich durch irgendeine Straße oder Gasse ihren Weg bahnen könnte, so viel sind der Menschen und Elefanten."*

**Bangalore** - ist die IT Hauptstadt Indiens, ein Synonym für Zukunft und Fortschritt.
Bereits rund 150 deutsche Firmen haben sich hier niedergelassen. Die Stadt liegt auf etwas über 900 Meter über dem Meeresspiegel und hat für indische Verhältnisse ein angenehmes Klima.

Früh am Morgen kommen wir an. Unser Flugzeug startet erst am Abend um 19.30 Uhr. Der ganze Tag steht uns noch bevor. Das Hotel unterer Preisklasse ist schäbig. Es ist ein 20 Jahre alter Neubau. Die Treppe zum 4. Stock hinauf glänzt. Im Zimmer sieht es dann etwas anders aus, eben typisch indisch. Die grauen Laken sind befleckt, das Kopfkissen noch mit dem Haarausfall unserer Vorgänger übersät. Und das Bad übersteigt dann jegliche Normen deutscher Hygieneauflagen. Ich hole uns einfach frische Bettwäsche aus dem Schrank, der im Flur offen steht, und überziehe das vorhandene Bettzeug. Kein Schrank, keine Haken und nur eine nackte Neonröhre, die uns, in dem dunklen durch Gitterstäbe versperrten Fenster, entgegen blinkt. Der Miefquirl, der wacklig an der Decke hängt, nimmt träge seine Arbeit auf. Ich kann jetzt nicht schlafen und gehe hinunter auf die Straße. Sina ruht sich etwas aus. Zugedeckt unter alten Decken liegen Familien nebeneinander auf dem nackten Boden vor ihren Imbissständen, an denen sie am Tag Pakoras oder Tee mit Milch verkaufen. Kinder versuchen mit ein paar akrobatischen Künsten, von den wartenden Autofahrern ein paar Rupies zu erhaschen.

In den Straßen pulsiert der Verkehr. Verkehrspolizisten tragen Atemschutzmasken, was bei einem indischen Chirurgen eher eine Seltenheit sein kann. Vor einer Ampel, sofern sie funktioniert, stehen in gefühlten 10 cm Abstand die Fahrzeuge aneinander, alles andere wäre auch verschenkter Platz. Eine limitierte Anzahl von Personen, die in oder auf einem Fahrzeug sitzen darf, gibt es nicht. Auf einem Motorroller drängt sich eine ganze Familie, ohne Helm und ohne Gurt durch den dichten Verkehr. Na ja, eben der übliche Wahnsinn indischer Verkehrsverhältnisse. Ein Junge steckt mir einen Flyer zu, auf dem steht, dass eine Stadtrundfahrt um 10.00 Uhr, fast vor unserem Hotel startet. Nachdem ich ein paar Bananen gekauft habe, gehe ich zurück ins Hotel und überrede Sina, dass wir die Rundfahrt mitmachen. Alles andere wäre in dieser Stadt in der kurzen Zeit eher sinnlos.

Ein klimatisierter Bus mit frischen weißen Kopfbezügen erwartet uns. Wir besuchen das wirklich interessante Technikmuseum, einen Sari Laden und den wunderschönen botanischen Garten, Lal Bagh, aus dem 18. Jahrhundert. Das hundert Hektar große Gelände, beherbergt eine der größten Ansammlungen seltener tropischer und subtropischer Pflanzen des Landes. Ein Lotus Teich und ein Glashaus im britischen Stil lassen den Ort zu einer Oase der Ruhe inmitten der Boom - Town Metropole werden. Die Fahrt geht entlang der geschäftigen Mahatma Ghandi Road mit ihren Kaffees, Fast Food Ketten und Boutiquen. Im Basarviertel Chikpet herrscht ein Gewusel, und durch das geöffnete Busfenster weht ein Duft aus Sandelholz herein. Hier steigen wir noch einmal aus und sehen uns die Sommerresidenz des Sultan Tipu aus dem Jahre 1791 an.

Nachdem wir zurückgekommen sind, zieht ein fürchterliches Tropengewitter über die Stadt. Liegend auf unserer frischen Bettwäsche hoffen wir auf ein Ende des Unwetters. Obwohl ich schon viel in der Welt umhergereist bin, habe ich doch immer mal wieder Flugangst. Bei diesem Gewitter und Blitzschlag fällt es mir besonders schwer, ins Flugzeug einzusteigen. Uns bleibt jedoch nichts anderes übrig. Als wir aber über das Flugfeld fahren, nieselt es nur noch leicht vom Himmel.

Dieses Land faszinierte einmal wieder mehr mit seinen Farben und Düften, seiner Spiritualität, seinen steinernen Relikten und Königsstädten. Frauen in leuchtenden Saris, Männer mit gezwirbelten Schnurrbärten und bunten Turbanen, geschmückte Elefanten, heilige Kühe, exotische Früchte, aufgetürmte Gewürzberge. Die scharfe Vielfalt des Pfeffers, ein angenehmer Schmerz vom Chili, dem feurigen Herz der indischen Küche, lässt das Essen zum Fest werden. Ein bewegtes Bilderbuch voller Farben und Gerüche.

Und wenn einige Reisende zu Hause erzählen, wie aufdringlich manche Verkäufer sind, sollten sie sich überlegen, dass man mit den Kosten für einen Hin- und Rückflug nach Indien eine mehrköpfige indische Familie ein ganzes Jahr ernähren könnte.

Palast in Mysore

*Fahrt nach Ooty*

183

## Indien-Varanasi - Die Heilige Stadt am Ganges

**Indien -** hier ist alles anders und man kann dem Land nur begegnen, indem man sich mit dem Anderssein verbindet und es akzeptiert.

In Varanasi ist die Magie, die Heiligkeit zu spüren wie nirgends sonst in Indien. Es ist der Ort, an welchem Shiva die Bitten der Gläubigen hört. 1.500 große und kleine Tempel gibt es in der Stadt. Varanasi gilt als Tor zur Ewigkeit. Die Stadt ist einer der ältesten durchgehend bewohnten Orte der Menschheit und liegt am heiligen Fluss Ganges.

Wir verbringen einige Tage in Varanasi, an dem Ort, an dem Shiva, der Gott der Zerstörung, des Todes und der Fruchtbarkeit herrscht. Wir fahren dann auf dem anstrengenden Landweg über die Grenze nach Nepal. Von Pokhara aus starten wir eine 5-tägige Trekkingtour durch das Anapurna- Himalaja Gebiet. Von dort geht es auf einen Zwischenstopp nach Kathmandu. Nicht nur der Blick auf die Himalajakette und den Mt. Everest lohnt einen Ausflug nach Nargarkot. Von hier aus lassen sich auch wundervolle Wanderungen in frischer Bergluft machen. In Bhaktapur, einer hinduistischen Stadt, sieht man sich in einer anderen Zeit, da sie nahezu intakt mittelalterlich erhalten wurde. Dann verweilen wir noch in Bodhnat, dem buddhistischen Heiligtum Nepals.

In Neu Dehli verspätet gelandet, treiben wir den Taxifahrer an, zum nationalen Airport zu fahren. Hunderte weiß gekleideter Moslems auf dem Weg zum Flugzeug nach Mekka versperren uns den Weg. Wir sind zehn Minuten zu spät, verpassen unseren Anschlussflug nach Varanasi und müssen einen neuen Flug buchen. Zum Glück sind in der nächsten Maschine noch zwei Plätze frei. In Gedanken rieche ich schon bei der Landung den Geruch brennender Leichen.

In Varanasi nehmen wir uns wieder ein Taxi, das uns aber nach einer halben Stunde Fahrt nicht bis ans Ziel bringen kann. Die Altstadt darf mit Autos nicht befahren werden. Es ist bereits dunkel und der normale Wahnsinn Indiens hat uns wieder eingeholt. Umzingelt von, an die Autoscheibe, klopfenden und schreienden Rikscha Fahrern steigen wir aus.

Ein tornadoartiger Lärm betäubt unsere Ohren. „A very special price, only for you". Zwei Engländer sehen uns

185

unsere Verzweiflung an und nehmen uns per Fuß mit durch das dichte Gewühl. Noch befinden wir uns auf einer der großen Straßen. Doch dann geht es in das Labyrinth der engen Gassen der Altstadt. Mit unseren Rucksäcken müssen wir uns einen Weg vorbei an den „heiligen" Kühen verschaffen. in den Abendstunden sind auch die sonst schläfrigen Hunde wach, die uns ebenfalls zwischen die Füße laufen. Es riecht nach Indien, wenn am Abend in den Gassen gekocht wird. An einer letzten Abbiegung verlassen uns Emma und Tom. Vielen Dank noch mal an die beiden. Unser Weg führt weiter durch einen dunklen niedrigen Tunnel. Stromleitungen hängen bis auf Kopfhöhe über uns herunter. Affen springen von einer Häuserfront zur nächsten, klettern die Wände hoch und die Kleinen rutschen an den Strommasten wieder hinunter. Dann haben wir das „ Baba Guesthouse" erreicht. Hier ist es zumindest ruhig. Ins Zimmer eintretend, sitzt bereits ein Affe an der Fensterscheibe. Zum Glück sind Gitter davor angebracht. Erschöpft fallen wir ins Bett.

**Varanasi** – das Tor zur Ewigkeit, die Heilige Stadt der Hindus, der Audienzsaal Shivas und eine Stadt des Sterbens. Hier fließt der Ganges, die göttliche Kloake Indiens. Eine Stadt der Tempel, Klöster, Heiligen und Verbrennungsstätten. Hier leben rund 40.000 Mönche und Brahmane.
Wir haben lange geschlafen. Ich bin wieder da und die Magie Indiens hat mich wieder eingeholt. Der Duft der Gewürze, der durch die Gassen strömt, ist wie ein Rauschgift. Frauen in bunten Saris, Sadhus, chinesische Touristen, Männer, die schwere Lasten durch die Enge der Gassen schieben oder ganze Kühlschränke auf dem Kopf tragen, begegnen uns auf dem Weg zum Frühstück. Der

Müll des vergangenen Tages wird in große Plastikfolien eingewickelt und aus dem Gewühl getragen. Ich gebe dem Müllmann ein Shirt aus unserem Bestand, wofür er sich freundlich bedankt. Weiter laufend im Gewusel der Gassen finden wir auch einen Schneider. Rainer möchte sich mal wieder ein Kostüm für seine Märchenerzählungen zu Hause nähen lassen. Der 23-jährige Rahi hat sich den Laden selbst geschaffen. Er stammt aus einer Schneiderfamilie im Norden Indiens. 80 Dollar Miete muss er im Monat aufbringen.

Rainer hatte sich bereits in der nahe liegenden Seidenfabrik einige Stoffe gekauft. Rahi nimmt die Maße. Wir trinken gemeinsam noch einen Tee und gehen dann endlich zum Ganges hinunter.

Der **Ganges i**st Indiens heilige Kloake. Seinen langen Weg von 2.700 Kilometer beginnt in einer Höhe von 4.200 Meter nahe der indisch tibetischen Grenze im Himalaja. Der Ganges ist der heilige Fluss der Hindus. An seinen Ufern liegen viele Wallfahrtsorte, denn dem Wasser wird die Kraft der Reinigung aller Sünden zugeschrieben. Von dieser Überzeugung geprägt pilgern Tausende von Hindus nach Varanasi. Dann werden nach vorgeschriebenem Ritual die Waschungen vollzogen. Alle Gläubigen haben den Wunsch, hier zu sterben und verbrannt zu werden, um die Asche dem Fluss anzuvertrauen.

An einigen Ghats auf den Verbrennungsplätzen werden die Toten eingeäschert und dem ewigen Kreislauf des Wassers übergeben.

Überreste religiöser Rituale, die Asche der Leichenverbrennungen, Abwässer von Millionen Haushalten und hochgiftige Abwässer von Industriebetrieben, Düngemittel von den anliegenden landwirtschaftlich genutzten Äckern, das alles strömt tagtäglich in den Fluss.

Die Kolibakterien - Verunreinigung übertrifft hier den Grenzwert der Badequalität zu Deutschland um das Dreitausendfache. Selbst die Malaria Moskitos brüten hier nicht mehr. Doch die Heiligen sehen das anders. Sie glauben fest daran, dass das heilige Bad sie von innen reinigt und von allen Sünden befreit. Erlösung und Seelenfrieden.

Am Ufer des Ganges herrscht eine besondere Atmosphäre. Es ist schwer zu beschreiben, wenn man in den Zeilen zuvor den Fluss als lebendigen Abwasserkanal beschrieben hat. Vor uns steht ein Mann, nackt, abgemagert, wie ein Streichholz, trocknet er sich gerade von seinem heiligen Bad ab. Die Sehnen seiner Arme und Beine sehen aus wie gespannte Seile, Andere stehen bauchtief in der braunen Brühe und schöpfen mit den Händen das so kostbare Nass über ihren Körper, wobei sie leise mit geschlossenen Augen einige Gebete vor sich hin murmeln. An einer der gewaltigen Mauern hängen zwei Männerpissoirs, ganz offen, ganz frei. Damit will man wohl den so genannten „Wallpissers" (Wandpisser) etwas Einhalt gewähren. Ein Stück weiter stehen zwei Frauen mit den Füßen im Wasser, gebeugt und betend auf den Stufen übergeben sie dem Fluss Opfergaben, in Form von Blumengebinden.

Eine kleine Gruppe älterer Frauen nähert sich mit Kokosnüssen und Glitzerwerk dem Fluss. Mit der hohlen Hand trinken sie das heilige Wasser, bevor sie wieder gehen. Abgefüllt in eine Plastikflasche nehmen sie noch etwas für die Daheimgebliebenen mit.

Jetzt gelangen wir an eine der Verbrennungsstätten. Manikarnika Ghat, ist der Platz, wo die Mehrheit von Leichen in Varanasi kremiert wird. Meterhoch linieren die Stapel von Brennholz, hauptsächlich Sandel- oder Mangobaumholz das Ufer. Die Feuer brennen ständig, gefüttert mit den in Stoff gewickelten Leichen. Sie werden auf bunt geschmückten Bahren zum Verbrennungsort auf einen Scheiterhaufen gebracht.

Mit Stroh und Holz abgedeckt, und mit gemahlenem Sandelholz bestäubt, vertreibt das den Leichenduft. Bevor der Haufen angezündet wird, umrunden die Verwandten den Leichnam fünfmal im Uhrzeigersinn. Dies gilt als Zeichen für die fünf Elemente Wasser, Erde, Licht, Luft und Äther. Dem ältesten Sohn steht es zu, den Scheiterhaufen anzuzünden. Erstaunlich, ein wohlriechender Rauchmantel, sei es die der Toten, die im Minutentakt verbrannt werden oder die Sadhus, die den Rauch des Benebelns in die Luft pusten, steigt in unsere Nasen.

Drei der 84 Ghats in Varanasi sind für das Schauspiel der Leichenverbrennung reserviert. Täglich werden 200 bis 300 Leichen verbrannt. Die Scheiterhaufen lodern bis spät in die Nacht. Nicht immer sind die Leichen komplett verbrannt, bevor die verkohlten Reste dem Fluss übergeben werden, denn die nächste Leiche wartet schon. Stirbt ein Sadhu (Heiliger), wird die Leiche direkt ins Wasser geworfen. Der Preis eines Scheiterhaufens ist hoch. Ein junger Mann spricht Rainer an und nimmt ihn mit auf einen Holzturm, in dem ebenfalls Verbrennungen stattfinden. Je nach Kaste gibt es drei Höhenlagen der Verbrennung. Die Brahmanen werden ganz oben, lokale Menschen in der Mitte und wer von den armen Leuten etwas Geld hat, wird unten verkohlt. Rainer sollte einer armen Familie das Geld für die Verbrennung spenden. Ich irre währenddessen zwischen den riesigen Holzstämmen umher und habe das Gefühl zu ersticken, ersticken an den Gedanken der vielen Leichen um mich herum. Da kommt schon wieder ein Trupp Menschen, der eine bunt geschmückte Leiche auf einer Trage ans Ufer bringt. Der Kopf und die Füße gucken aus dem umwickelten Körper heraus, wobei der Kopf mit einem Leinentuch abgedeckt ist. Die nächsten Familienangehörigen der Verstorbenen scheren sich das Haar und tragen weiße Gewänder. Weiß ist die Farbe des Todes in Indien. So dicht vor einem dieser Totenfeuer zu stehen, fühlt sich schon etwas beklommen an.

Ich habe vor dieser Reise noch nie einen Toten gesehen. Natürlich wusste ich von diesem Ritual, nur es in der Praxis anzusehen, ist allerdings etwas anders. Welche andere, uns fremde Art, mit dem Tod und den Toten umzugehen!

Dann muss ich erst mal weg von diesem Ort, irgendwo einen Tee trinken, Luft holen. Wir wühlen uns durch die engen Gassen zurück in die Main Road und stoßen auf den Dasaswamedh Ghat. Er ist das Herz von Varanasis Ghates. Auf den Treppen sitzen Sadhus, Pilger, hinduistische Priester, Blumenverkäufern und Bettler. Ein ausgemergelter Körper eines Sadhus, der aussieht, als wäre er mit der Haut eines alten Elefanten überzogen, streckt uns seine knochige Hand für ein Almosen entgegen. Ich gebe ihm ein Samosa, der noch eingeklemmt zwischen meinen anderen Utensilien in der Tasche klebt. Sein Gesicht lässt uns verstehen, dass wir unwürdige Erdenbewohner sind, und es mit unserem Karma düster bestellt ist. Andere haben ihren Körper mit Asche eingerieben, schauen abwesend und murmeln Unverständliches vor sich her. In der Abenddämmerung beginnt dann der hinduistische

Gottesdienst. Wir setzen uns zu den Tausenden von Indern und Touristen auf die Treppen und sehen dem Schauspiel zu. Vor uns spielt sich ein faszinierendes Ritual ab. Mehrere Brahmanen stehen auf Podesten und zelebrieren mit verschiedenen Feuer - und Rauchgerätschaften eine Art Choreografie, bei der Shiva und der Ganges geehrt werden. Aus den Lautsprechern erklingt laute Mantramusik. Dann wird mit kleinen Gongs, Glöckchen und Schneckentrompeten der Gottesdienst eingeleitet. Plötzlich bricht das Läuten ab, und die Teilnehmer beginnen mit dem Priester einen vielstimmigen Chorgesang. Eine einfache, andächtige Melodie in unzähligen, gleichartigen Strophen. Die Luft ist rauchgeschwängert. Andächtig lauschen und beobachten wir, was hier vor sich geht. Die Atmosphäre ist überwältigend. Diese Stimmung, diese Dichte. Man spürt förmlich den rituellen Impuls, wenn man die Lebendigkeit eine der ältesten Religionen der Welt so hautnah miterlebt. Auf dem Weg ins Guesthouse sitzen auch an den anderen Ghats Gläubige, vertieft in ihre eigenen Zeremonien. Mein Emotionsgewitter lässt mich nur schwer einschlafen, ständig habe ich diese angekohlten Füße vor Augen.

Wenn am frühen Morgen auf der anderen Seite des Ganges die Sonne aufgeht, strömen die Pilger zu Hunderten ans Ufer. Die Hindus steigen die Stufen hinunter, um ihr rituelles Bad, wie es schon vor tausend Jahren ihre Vorfahren taten, zu vollziehen. Eingehüllt in weißen Seifenschaum waschen sie sich ihre Sünden weg. Wie viel Sünde muss man begehen, um sich so gründlich rein zu waschen? Junge Männer springen kopfüber ins Wasser, das aussieht wie durchgerührter Milchkaffee.

Auch wir sind heute in aller Frühe am Fluss. Die vertäuten Boote schaukeln plätschernd auf den sanften Wellen. Wir fahren mit einem Boot hinaus, um die Stadt und den Sonnenaufgang vom Wasser aus zu beobachten. Fromme Gesänge tönen aus altersschwachen Lautsprechern. „Om", so lautet der Name Shivas. Shiva ist der Gott der Hindus. Unwirklich, die Kulisse, die Silhouette von Varanasi. Wie ein durchsichtiger Vorhang verschleiert der Nebel die alten Gemäuer am Ufer vom Ganges aus zum Sonnenaufgang. Die Dunstschleier, die gerade noch tief über dem Ganges vorbeischweben, verflüchtigen sich jedoch in den Strahlen der aufgehenden Sonne. Die natürliche Stille auf dem Fluss am frühen Morgen wird nur manchmal durch ein leises Glucksen eines Fisches, wenn er nach Luft schnappt, gestört. Neben uns schwimmt ein aufgeblasener toter Hund im Wasser. Auch auf der anderen Seite des Ganges stehen viele Menschen im Wasser. Sie mussten hier weit hinein laufen in den Fluss, da durch das Niedrigwasser zu dieser Jahreszeit eine große Fläche freigelegt ist. An den Verbrennungsstätten brodeln bereits wieder die Scheiterhaufen und schicken dicke Rauchwolken in den Himmel. Dieser Anblick des für uns völlig Unverständlichen, doch zugleich Faszinierenden und das Eingehüllt sein vom Qualm der Toten lässt mich immer noch nicht klar sehen.

Am Ufer angekommen, übertönt nun der Krach des Alltags wieder das Geschehen. Wir gehen heute weiter in Richtung Süden, die Ghats entlang zum Vijayanagaram Ghat. Mit seinen rot - weißen abgesetzten Stufen, die zum Tempel hinaufführen, ist er einer der beliebtesten Ghats der Hindus. Dieser wird dem Herrn Shiva, den Vorsitz habender Gottheit; gewidmet. Die große Glocke im Eingang, die auch von jedem Betenden verwendet wird,

um die Aufmerksamkeit des Gottes zu erwecken, klingt ohrenbetäubend laut. Ich setze mich auf die Stufen und beobachte. Besonders viele Frauen vollziehen hier ihre Waschungen. Wahrscheinlich, weil dort unten in Übergröße, der steinerne Lingam (Penis), das Fruchtbarkeitssymbol der Hindus, steht. Eine alte Frau quält sich gebückt mit ihrem Eimerchen Ganges Wasser die Treppe nach oben. Ein kleiner Junge setzt sich neben mich und will mich überzeugen, eine seiner schwimmenden Kerzen, die als Glücksbringer gelten, zu kaufen. Für ein gutes Karma, sagt er. Ich antworte (in Englisch): „Für dein Karma wäre es gut der alten Frau den Eimer nach oben zu tragen". Er lacht. Eine Kuh hat es sich unter einem umgekippten Sonnenschirm bequem gemacht. Die Verehrung der Kuh, verdankt sie vor allem der Legende, dass der Gott Krishna in die Obhut einer Hirtenfamilie gegeben wurde, und dann mit einer Kuhherde aufwuchs. Die Kuh erreichte dadurch den Status einer Mutter, die man verehren soll.
Auf dem Weg zum Frühstück treibt der Wind uns wieder beißenden Rauch in die Augen. Vor uns knistert ein Feuer, aus dessen Mitte ein menschliches Bein ragt. Die Haut auf dem Schienbein ist aufgeplatzt. Rohes rotes Fleisch liegt bloß. Die verkohlten Zehen krümmen sich in den fleischfressenden Flammen. Das Frühstück fällt für mich heute aus. An einigen Ghats geht das Ufer in eine Müllhalde über, was die Männer aber nicht davon abhält, ihre Wäsche hier zu waschen. „Siegreich sei Mutter Ganges".
Die unzähligen Weggabelungen entlang wollen wir schauen, wie weit Rahi mit Rainers Kostüm ist. Aus jeder Ritze der alten Mauern riecht es nach Armut.
Die Menschen, die hier in den Seitengassen in verfallenen Häusern leben, vor denen sich am Tage der Müll ansammelt, sehen oft makellos sauber aus. Nur die Stra-

pazen des täglichen Lebens sind deutlich in ihren Gesichtern zu erkennen.

An der Zahnklinik am Straßenrand sind wir froh, keine Zahnschmerzen zu haben: Es scheint, als übernehmen geschickte Automechaniker hier die Arbeit eines Zahnarztes. Eine medizinische Ausbildung ist nicht notwendig, hier gilt die Devise „Was wehtut, muss raus". Kurz vor dem Laden kommt mir von rechts ein roter Schwall Betelnusssaftes aus der Tür entgegen geschossen. „Sorry Madam", bringt der Teestubenbetreiber gerade noch über seine Lippen.

Das Kostüm ist fertig. Anprobe, alles sitzt perfekt, nur eine Naht ist schief. Aber das freundliche Lächeln von Rahi macht jede schiefe Naht wett. Es ist noch etwas Stoff übrig. Ich schlage vor, daraus eine Weste zu nähen. Die können wir morgen, bevor wir abreisen, abholen. Das kleine Restaurant nebenan bietet das übliche Angebot an frisch frittierten Samosas und abgepackten Butterkeksen, die hier sehr lecker sind, an. Ich bin jetzt wieder bereit für eine Nahrungsaufnahme.

In Indien kann man nicht einfach eine Fahrkarte kaufen und in einen Zug steigen. Nein, man muss sich Tage vorher in der langen Warteschlange am Bahnhof anstellen oder gleich sein Lager auf dem Bahnhof einrichten und probieren ein Ticket zu bekommen. Auch wir gehen seit der Ankunft in Varanasi von einem Travelbüro zum Nächsten und versuchen ein Ticket zu erhaschen. Um auf dem Landweg nach Nepal zu kommen, müssen wir zunächst mit dem Zug nach Gorakhpur fahren.

Außerhalb der Altstadt nehmen wir eine Rikscha, was den Vorteil gegenüber einem Taxi hat, dass wir an der frischen Luft sitzen, was wiederum den Nachteil hat, dass man bei einer Fahrt von 15 Minuten den Smog von ca.20

Zigaretten inhaliert. Der Fahrstil der Rikscha Fahrer hat sich auf all unseren Reisen nie geändert und wird es auch heute nicht tun. Es ist wie mit den Bakterien im Ganges, es wird sich nie ändern. Klammernd halten wir uns im Kreisverkehr an den Metallstangen fest, um nicht auf die Straße geschleudert zu werden. Aber wir bekommen in einem Büro endlich die Fahrkarte für den morgigen Nachtzug nach Gorakhpur. Auf dem Rückweg stellen wir uns zehn Minuten an den Rand eines Kreisverkehrs. In der Mitte steht ein Betonkoloss, beklebt, wie auch die Wände der angrenzenden Häuser mit bunten Werbeplakaten und hinduistischen Schriftzügen. Hupende Mopeds, überfüllt mit riesigen Säcken oder zwei Meter hohen aufgestapelten Pappkartons. Eine Fahrradrikscha fährt beladen mit einem Anhänger voll ca.50 lebenden gackernden Hühnern an uns vorbei. Liegende oder in beide Richtungen laufende Kühe behindern den Verkehr. Rennende junge Männer, schreiende kleine Kinder, gebrechliche Alte, Frauen in bunten farbenfrohen Saris und Schönfrisierte beleben weiter das Straßenbild. Im Gedränge muss man ständig auf der Hut sein nicht weggeschubst zu werden. Am Straßenrand sitzen dann die Menschen, die vom ersten Schrei ihres Lebens abgestempelt sind, zum Betteln. Ein Beinloser fährt auf einem umgebauten Fahrrad, welches wahrscheinlich auch seine Wohnung ist, an dem sein sämtliches Hab und Gut hängt, vorüber. Drei vermummte Frauen, nicht in schwarz, sondern in lila, weiß und grün fahren in einer Rikscha, auf der ein altersschwacher Greis seine dürren Beine in die Pedalen tritt. Schlafende Hunde liegen auf den Straßen, sie betteln nicht, sie knurren nicht, sie leben einfach neben den Menschen her. Unsere Ohren, Nasen und Lungen müssen einen Härtetest bestehen. In den Seitengassen stapelt sich der Müll. Sie putzen ihre

Wohnungen, wischen und fegen den Schmutz und Müll vor die Haustür. Und dort bleibt er liegen. Es gibt eine klare Trennung zwischen privatem und öffentlichem Bereich. Für den öffentlichen Raum ist scheinbar niemand verantwortlich, oder vielleicht die Götter? Vielleicht ist der Ganges deshalb auch so verschmutzt, weil die Verantwortung über den Fluss, die Götter haben. Wahrsager und Handleser hocken am Straßenrand. Einige Sadhus sitzen auf den Treppen des Dasaswamedh Ghat. Sie leben von Tee und Chapatis, rauchen Marihuana und murmeln langwierige Gebete für die Menschen, die aus Mangel an Zeit leiden und gegen einen Almosen von den Sadhus übernommen werden. Ihre wenigen Habseligkeiten können sie locker in einer Stofftasche unterbringen. Tiefe Gongschläge, Bum Bum Bum, wie Shivas Herz, begleiten den Untergang der Sonne, wie einen magischen Zauber. Wir schauen uns heute die allabendliche Zeremonie vom Wasser aus an. Wieder werden Öllampen angezündet und im Kreis geschwenkt. Hunderte Glückskerzen auf Rosenblättern schwimmend gleiten leuchtend den Ganges hinunter.

Wir lassen uns heute einfach noch einmal durch Varanasis Altstadt, die wie ein wirbelnder Irrgarten aus engen Gassen, Tempeln, Armut, Kühen und vielen Menschen besteht, treiben. Ich kaufe Gewürze und wir gehen in einem vegetarischen Restaurant einen Thali essen. Dann schauen wir noch einmal beim Schneider vorbei und holen die Weste ab.

Am Bahnhof gegen 20.00 Uhr angekommen, liegen wie bereits zuvor erwähnt, vor und in der Bahnhofshalle, Familien mit Sack und Pack und warten auf ein Ticket. Der neueste Hit ist eine riesige bunte Alufolie, die man ganz klein zusammenfalten kann. Auch ich kaufe mir eine, man weiß nie, zu was die gut sein kann. Wir mussten uns ein angebliches Spezialticket kaufen, obwohl das für eine sechsstündige Fahrt im Sleeper nur umgerechnet knapp fünf Euro gekostet hat. Ich versuche herauszubekommen, auf welchem Gleis unser Zug abfährt. An drei Schaltern erhalte ich drei unterschiedliche Informationen. Doch dann klopft mir ein Mann von hinten auf die Schulter und nimmt mich mit in ein Büro. Der Stationsvorsteher schreibt mir genau auf, wie unser Zug heißt und wo er abfährt. Unterdessen huscht eine kleine fette Ratte unter seinem Stuhl hindurch. Ich muss mir einen Schrei unterdrücken. Herr Khadi macht mich noch darauf aufmerksam, dass aufgrund einer neuen „Anti- Zusammenstoßvorrichtung", die Unfälle der Indien Railways rückläufig sind. Wie beruhigend! Rainer sitzt im Bahnhofsrestaurant. Als ich mich zu ihm setze, sagt er kurze Zeit später, dass ich nicht aufschrecken soll, hinter mir ist soeben eine Ratte entlang gehuscht.

Wir gehen über die Brücke auf Gate 2, wie mir der Bahnhofsvorsteher aufgeschrieben hat. Drei zerlumpte Kinder sammeln Plastikflaschen von den Gleisen.

Es erfolgt eine Ansage, dass der Zug nach Gorakhpur auf Gate 1 einfährt. Panik bricht aus, alle rennen wieder die Treppen hoch auf die Brücke und wieder runter. Mit den schweren Rucksäcken ist das kein Vergnügen.

Der Sleeper Waggon ist ganz am Ende des Zuges. Erstaunlicherweise finden wir gleich unser Bett und verkriechen uns darin. Die Ventilatoren summen. Im gleichmäßigen Rattern des Zuges schlafe ich ein.

Meinen Nachbarn in der oberen Etage gegenüber entdecke ich erst am Morgen. Eingehüllt in einem Überwurf und einem Schal um den Kopf begrüßt er mich mit „Namaste". Ordentlich packt er dann sein Kissen und die Decke in seinen Koffer, geht sich die Zähne putzen und hat sich sein schon etwas grau gewordenes gefärbtes Haar mit Pomade zurecht gestylt. Der Junge unter mir begrüßt uns mit „Hallo". Rainer ist aus seiner Mitteletage bereits aufgestanden und hat schon einen Tee organisiert.

Die Exkursion zur Toilette verläuft ohne Hindernisse. Auf dem WC selbst zeigen die Inder wieder ihre schwächste Seite der Hygiene. Aus dem Fenster schauend, wie überall in Indien, kastenförmige Häuser auf deren Dächern die Bewehrungseisen für den eventuellen Weiterbau sich in den Himmel strecken. Nach dem kleinen Frühstück, was jeder so verzehrt, wird das Fenster geöffnet und der Müll abgeworfen. Eine Liebe zur Umwelt kennen nur sehr wenige Inder. Der Zug bleibt stehen. Es wäre jetzt die normale Ankunftszeit im Bahnhof von Gorakhpur. Aber ein Bahnhof ist nicht zu sehen. Auf der anderen Seite hält ebenfalls ein Zug, wie auch unserer, völlig überfüllt. Viele Leute steigen aus und gehen hinüber in den anderen Zug. Wir zögern noch, da keiner, den ich frage, Englisch spricht, um uns Auskunft zu geben. Der heutige Zeitplan ist straff. Unser Ziel ist es noch, bis Pokhara zu kommen. Das ist aber noch ein weiter Weg. Wir entscheiden uns, auch umzusteigen und haben Glück. Eine halbe Stunde später rollt der Zug in Gorakhpur ein. Auf dem Bahnhof versuche ich herauszufinden, wie wir weiter mit dem Bus zur Grenze nach Nepal kommen. Ein alter Mann fängt uns dann vor dem Bahnhofsgebäude ab. Er bringt uns zu einem Touristenbüro. Dort verkauft man uns zwei Tickets für je 800 Rupies. Für den Preis erwarten wir einen Luxusbus. Stattdessen zeigt uns der Alte einen klapprigen Bus, der schon sehr an Farbe verloren hat. Auf dem Cockpit steht eine Figur des elefantenköpfigen Gottes Ganesha, dem Lieblingsgott der Inder. Eingepfercht sitzen wir auf zwei engen Sitzen, wobei der Schaumstoff der Sitze bereits aus dem Kunstleder bröselt. Als auch der letzte Stehplatz vergeben ist, geht die Fahrt los. Die Fenster sind an unserem Platz nicht verschließbar, und so müssen wir die volle Ladung Kohlenmonoxid der überfüllten Straßen inhalieren. Am Straßenrand unter zerschlissenen Zeltplanen vegetieren einige alte Männer.

Etwa drei Kilometer vor der Grenze ist ein totaler Stau. Hunderte LKW stehen an der Grenze an. Wir sollen aussteigen und zu Fuß weiter gehen. Die Straße versinkt in einer Staubwolke. Das schaffe ich nicht mit dem Gepäck zwischen diesen ganzen Fahrzeugen. Eine rostige Fahrradriksscha, die das Zeitalter der Maharadschas lange überlebt hat, lässt mich und unser Gepäck aufsitzen. Eingehüllt in ein großes Tuch um den Kopf und vor der Nase, kämpft sich der Fahrer, allerdings meist laufend, durch das Gewühl von fahrenden Händlern, hupenden Mopeds und Menschenströmen. Rainer läuft hinterher.

Es scheint, als hätten wir uns einem Flüchtlingstreck angeschlossen. Völlig entnervt, da unsere eingeplante Zeit längst abgelaufen ist, betreten wir die indische Grenzstation zur Einreise nach Nepal.


Um die heilige Stadt der Hindus zu verstehen, bräuchte man als Europäer viel Zeit.

Immer wieder wird man in Indien auf eine schwierige Probe gestellt, doch am Ende war es wieder eine wundervolle Erfahrung. Das Immunsystem muss sich wieder mal auf eine Welt anderer Bakterien umstellen.

Das Ungeheuerliche existiert, als wäre es total normal.

Hexenkessel-Märchenland, Umweltsünden - Heiligkeit, Halunken - Gottessüchtige, Curry oder Chaos, Jasminduft, Abgase, Kastensystem und Hightech. Alles ist, wie eine Wechseldusche. Wer Indien liebt so wie ich, versucht, mit den Widersprüchen klar zu kommen, auch wenn sie in alle Himmelsrichtungen stinken. Man darf von den guten Erlebnissen nicht immer gleich in Euphorie verfallen und sich von den schlechten Begegnungen nicht herunterziehen lassen.

*Varanasi*

Sadhu

Allabendliches Ritual am Dasaswamedh Ghat

201

## Nepal - Das Königreich am Himalaja

**Nepal** liegt an der Südabdachung des Himalaja Haupt-kammes eingekreist von China (Tibet) im Norden, Sikkim im Osten und Indien im Westen und Süden. Der Landstrich zwischen China und Indien beflügelt immer wieder die Fantasie der Entdecker und Sinnessucher. Die Landschaftszonen reichen von subtropischer Hitze bis zu arktischer Kälte.

Das ethnische Mosaik Nepals besteht hauptsächlich aus indo-arischen und tibeto-birmanischen Volksgruppen. Die Menschen in Nepal – die Nepali erreichen etwa ein Durchschnittsalter von 55 Jahren.

Rund 80 Prozent der Bevölkerung sind Angehörige des Hinduismus, ca. 15 Prozent Buddhisten, Minderheiten sind Muslimen (etwa 3 %). Die etwa zwei Prozent Christen in Nepal sind aufgrund ihrer Religion manchmal Benachteiligungen ausgesetzt, dennoch können sie ihren Glauben öffentlich leben. Nepal ist das einzige Hindukönigreich der Welt.

Das Einkommen pro Kopf beträgt nicht einmal 250 US $ pro Jahr. Analphabetismus ist weit verbreitet, die Kindersterblichkeitsrate ist hoch.

Die Zeit rennt. Noch 500 Meter bis zur nepalesischen Immigration. Sieben Beamte sitzen in U-Form an den Tischen. Der Pass wandert von einem zum anderen. Ein Mann tritt ins Büro und kündigt den letzten Bus nach Pokhara, Abfahrt in fünf Minuten, an. Ich versuche, den Beamten lächelnd klar zu machen, dass wir dort mitfahren müssen, was sie aber in keiner Weise zur Eile antreibt. Als er uns endlich den Stempel in den Pass gedrückt hat, rennen wir los. Der Staub hat die ganze Straße fast unsichtbar gemacht. Den Bus verpassen wir. Das heißt, es fährt noch ein Nachtbus. Fahrzeit 11 Stunden. Nein Danke! Aber wir können im „Hotel Plaza", hört sich vielversprechend an, übernachten. Der Hotelmanager zeigt mir die Zimmer. Das gesamte Hotel ist leer. Das erste Zimmer liegt direkt zur staubigen Straße und auf der Türlinke hat sich bereits ein Sandhäufchen angesiedelt. Das Zweite ist muffig und düster. Wir nehmen das Erste. Ich wische den Staub von den dürftigen Möbeln.

Es scheint, als hätte hier schon eine geraume Zeit kein Mensch gewohnt. Völlig fertig, breite ich meine neue Bahnhofsalufolie auf dem grauen Bettlaken aus. Für ein paar Minuten bin ich eingeschlafen und habe geträumt, es regnet draußen. Als ich aufwache, hat es wirklich geregnet, allerdings nur aus einem alten Sprühwagen, der ab und an die Straße mit etwas Wasser benetzt. Nun ist auch die andere Straßenseite zu erkennen.

Morgen soll um 6.30 Uhr ein Touristenbus nach Pokhara fahren. Wir versuchen noch mit Sina, die heute Geburtstag hat, zu telefonieren, wobei eine Verbindung herzustellen, nicht so einfach ist.

Das gleichmäßige Brummen der Generatoren lullert mich in den Schlaf.

5.30 Uhr klopft es an der Tür. In 15 Minuten fährt der Bus nach Pokhara ab, schreit der Hotelmanager von draußen. Was ist das denn jetzt? Erst um 6.30 Uhr sollte doch unser Bus vor der Tür stehen. In Windeseile packen wir unsere Sachen zusammen und hoffen, dass wir in einem ordentlichen Touristenbus den fehlenden Schlaf fortführen können. Abgehetzt stehen wir auf dem Vorplatz des Hotels und sehen keinen Bus. Vor uns steht nur ein abgewrackter alter roter Klapperkasten.

Der Hotelmanager sagt, wir sollen schnell einsteigen. Eingemummte Menschen sitzen auf den ruinierten Sitzen. Ich bin fassungslos. Ungefähr sieben Stunden Fahrt liegen vor uns. Nimmt denn dieses Chaos gar kein Ende mehr? Unterwegs überlegen wir ein paar Mal wieder auszusteigen  und auf den nächsten Bus zu warten. Aber wird es einen Besseren geben? Neugierige Blicke der Reisenden heften sich unentwegt auf unser Antlitz.

Im Gegensatz zum Reisen auf der Straße war die Variante Zug fahren, trotz der hohen Unfallquote der Indian Railways, doch viel angenehmer.

Die Fahrt ist zunächst ein Schlaglochparcour, und bei den Ausweichmanövern des Busfahrers werden wir entweder an die Eisengitter der Fenster rechts und in der Linkskurve zu unseren Nachbarn, die gerade ihre hart gekochten Eier abpellen, geschaukelt. Als Nächstes folgt ein holpriger Ritt über eine Schotterpiste. Pause. Ich muss dringend auf die Toilette. Die Männer aus dem Bus erledigen das gleich am nächsten Strommast. Und ich? Eine Frau, die auch im Bus saß, winkt mich zu sich hinter einen Busch. Ich stehe lächelnd vor ihr und warte, dass sie geht oder sich wenigstens umdreht, tut sie aber nicht. Der Bus hupt zur Weiterfahrt. Also Hosen runter. Die Frau schaut genau zu, wie ich mein Geschäft erledige. Als ich fertig bin, nimmt sie mich an die Hand und wir gehen zusammen zurück zum Bus.

Dann taucht endlich das lang ersehnte Annapurna-Massiv auf. Die Vorfreude auf eine Trekkingtour steigt prickelnd in mir hoch. Bald gehen die 210 km Fahrt zu Ende und man fährt durch das Eingangstor von Pokhara, einem Zementbogen. Bei der Ankunft auf dem Busbahnhof ergötzen wir uns zunächst an der gewaltigen Naturkulisse wilder, bizarrer, schneebedeckter Felsen.

**Pokhara** - am Fuße des Himalajas, liegt 850 Meter über dem Meeresspiegel. Ist ein idyllisch gelegener Ort und Ausgangspunkt diverser Trekkingtouren. Noch in den 50er Jahren war Pokhara ein kleiner ärmlicher Flecken. Mittlerweile hat er sich zur zweitgrößten nepalesischen Stadt entwickelt.

Vier Monate später:

„Pokhara März 2015 - Pokhara liegt 73 Kilometer östlich des Epizentrums des Bebens vom Samstag. Es wurden in der Stadt einige Häuser zerstört und mehr als 50 Verletzte in Krankenhäuser eingeliefert. Aber das ist kein Vergleich zu den Zerstörungen in der Hauptstadt Kathmandu, die von dem Beben mit einer Stärke von 7,8 in weiten Teilen in Trümmer gelegt wurde. Dabei lag das Epizentrum sogar etwas näher an Pokhara als an Kathmandu. Experten zufolge wurde Pokhara vermutlich auf einer stabilen Gesteinsformation errichtet, und blieb so weitgehend verschont."

Im „Hotel Green Park" ziehen wir ein. Oben auf der Dachterrasse können wir für heute einen letzten Blick auf das gewaltige Massiv, welches zum Greifen nah scheint, genießen, bevor sich das Tageslicht auflöst. Endlich werden wir für die Strapazen der langen Anreise belohnt. Heute lassen wir uns einfach treiben, erkunden den Ort mit seinem inliegenden See und genießen die saubere Stadt mit seinen vielen Cafés und Restaurants.
Am Nachmittag entscheiden wir uns endgültig für eine fünftägige Trekkingtour ins Anapurna Gebiet und nehmen uns noch einen Sherpa. Der Manager des Trekkingbüros versichert uns, dass unser Porter (Sherpa), den Weg kennt. Wir müssen uns keinen Führer extra mieten.

Die Sherpas sind wohl der bekannteste Volksstamm Nepals. Die Sherpas sind nur eine sehr kleine Gemeinschaft. Sie sind vor 500 Jahren aus Ost Tibet eingewandert, wo sie Gerste und Kartoffeln kultivierten und tüchtige Viehzüchter geworden sind.
Sie begründeten ihre Bekanntheit durch die Tatsache, dass sie seit dem Beginn der Erkundung und Besteigung der Himalaja-Gipfel die Expeditionen begleitet haben. So ist ihr Stammesname mittlerweile zu einer Berufsbezeichnung geworden. „Sherpa", tragen die Lasten der Trecker während einer Tour.

Um 7.00 Uhr steht unser Auto nach Nayapul (2.070 m), welches uns zum Start unserer Tour bringt, bereit.

Wir lernen jetzt den nicht touristischen Teil der Stadt kennen, die sich dann abwechselt mit dem alten Bazar, Einfamilienhäusern und dem Armenviertel.

Rechter Hand begleitet uns, wie fast auf der ganzen Tour der „Machapuchare"- der auch als Matterhorn Nepals bezeichnet wird. Da die Bergspitze einer Fischflosse ähnelt, wird er im Volksmund auch „Fischschwanz - Fishtail" genannt. Er ist der heilige Berg der Hindus, der Sitz der Götter und vielleicht einer der letzten Orte, auf den noch nie ein Mensch einen Fuß gesetzt hat. Die Straße schlängelt sich durch die Berge. In Nayapul wartet bereits unser Sherpa. Er heißt „Prem" und ist ca.1, 55 m groß. Wie soll dieser kleine Mann unser ganzes Gepäck tragen. Mehr als 15 kg darf man aber nicht mitnehmen. Wir trinken noch gemeinsam einen Tee. Am Ende des Ortes geht der Weg los. Unser Gepäck überragt Prem um einen halben Meter, denn er muss auch noch sein Gepäck über unseren Rucksack aufschnallen. Über einer Brücke befindet sich der Eingang zum **Nationalpark des Anapurna.**

Zunächst laufen wir auf ausgewaschenen Wegen. Blau weiß getünchte Lodges stehen links und rechts am Weg. Mit weißen Tischtüchern und Blumensträußen darauf, sehen sie sehr einladend aus. Neben uns fließt grollend ein Fluss. Ringsum ist alles in tiefem Grün der Bäume und Reisfelder gehalten. Geschmückte Kühe mit roten Troddeln grasen auf den Weiden. Ein Teil des Weges ist mit Schieferplatten ausgelegt. Nach der Überquerung einer Hängebrücke machen wir eine Mittagspause. Wir wollen Prem gleich ein Essen spendieren, damit er, wie wir immer noch nicht ganz glauben, die Anstrengungen durchhalten wird. Aber es ist üblich, dass die Sherpas von den Restaurants und Lodges versorgt werden. Die Sonne brennt jetzt schon erbärmlich heiß. Unterwegs überholt uns immer wieder die laufende Konfektionsboutique. Zwei Frauen und ein Mann tragen jeweils in großen Plastiksäcken sämtliche Bekleidungsstücke, von Baby-sachen bis hin zu dicken Winterjacken, Slips und Handtüchern. Auch der Obsthändler wandert mit uns und seiner riesigen Tragewippe nebenher. Es geht steil bergauf. Mein immer schwerer werdender Atem macht mir ganz schön zu schaffen. Wir sind jetzt in **Ulleri**, bei 2.070 m. Überall an den Häusern blühen in leuchtendem Orange die Studentenblumen. Noch ein Stück bergauf und wir haben unsere erste Etappe erreicht.

Im Gasthaus „Four Season", kann allerdings nur die Aussicht, der mit dem Namen verbundenen fünf Sterne Hotels mithalten. Aber die Zimmer sind sauber und es gibt eine heiße Dusche. Gemeinsam mit den schneebedeckten Bergriesen nehmen wir unser Abendessen ein. Momo, ein typisch nepalesisches Gericht, es sind kleine Teig-täschchen mit Gemüse- oder einer anderen Füllung, die mit einer Soße serviert werden. Von dieser tibetischen Speise wird für die Touristen natürlich die Luxusversion gekocht.

Nach dem Essen kuscheln wir uns in die warmen Stepp-decken. Die Nacht ist kalt, sehr kalt.

Ich erwache, wie eine Katze, die ihren Schlaf beendet hat und ihre steifen Beine reckt und streckt. Auf dem „Roof top" stehend, sehen wir der Sonne zu, wie sie sich schleppend über die Berge quält. Es wird langsam wieder warm. Prem drängelt schon zum Aufbruch. Wir würden gerne noch sitzen bleiben, aber dann werden wir die heutige Etappe nicht schaffen. Ungefähr 3.500 Stufen bergauf stehen uns bevor. Wieder vorbei an den netten weiß - blau gestrichenen Häusern, dessen Inhaber auf den Vorplätzen, Gemüse und Obst anbieten. Dahinter eine Hütte, in der eine Frau mit einem Steinmörser, Reiskörner zu Mehl verarbeitet. Ihr kleiner Junge sitzt mit einer dicken Rotznase auf dem Boden. Er ist noch eingehüllt in seiner Strickmütze und einer Wolljacke. Ich gebe ihm einen Müsliriegel, einen Stift und einen Block. Endlich lächelt er aus seiner tiefen Trostlosigkeit heraus. Jetzt wird es immer grüner, tropische Berglandschaften, mit Moos behangene Bäume und Wasserfälle. Nach drei Stunden kommen wir an einer Hütte an, aus der eine Frau unserem Porter Prem von Weitem zuwinkt. Sie kennen sich und wir machen eine Pause. Aus ihrer ärmlichen Lehmhütte heraus, verkauft sie Getränke und Kekse an die Vorbei-kommenden. Sie zeigt uns hinter dem ersten und jetzt einzigen Raum den eingestürzten Bereich ihrer Behausung. Der letzte Monsun hat alles zerstört. Auf der kleinen Feuerstelle brennt ein Feuer, auf dem sie stolz ihren neuen Wasserkessel stellt. Sie kocht uns einen Tee. In einem anderen Topf hat sie aus Mais Popcorn gemacht und bietet uns etwas an. Ihre Hände sind rau und rissig. Die Bitterkeit ihrer Falten verschwindet hinter dem aufrichtigen Lächeln mit der großen Zahnlücke zwischen den Vorderzähnen.

Anderthalb Stunden später erreichen wir das Eingangstor von **Ghorepani**, dem Ausgangsort, zum morgigen geplanten Aufstieg auf den Poon Hill. Drei Frauen, die auf einer Anhöhe eine Nudelsuppe schlürfen, winken uns zu. Auch der Obstverkäufer ist angekommen und wir kaufen ihm endlich ein paar Bananen ab. Wir bringen unsere Sachen ins „Hill top" Hotel, ein Wunder, dass es nicht „Hilton" heißt und gehen noch einmal runter in den Ort.

Auf den Stufen der Schiefertreppe auf dem kleinen Platz setze ich mich und schaue dem Treiben zu. Immer mehr Wanderer erreichen ihr heutiges Ziel. Tibetanische Händler verkaufen ihren Schmuck auf großen Holzgestellen. Rainer gesellt sich zu den Männern, die so etwas wie ein Glücksspiel spielen. Er legt auf ein Bild ein paar Geldscheine und gewinnt. Sein Nachbar staunt und in der zweiten Runde legt er sein Geld auch dorthin, wo Rainer es wettet. Sie gewinnen beide. Aus den Schornsteinen der Gasthäuser, die alle mit blauen Wellblechplatten abgedeckt sind, verlassen nun schwarze Rauchwölkchen den warmen Schacht und ziehen in den kalten Himmel.

Im großen Aufenthaltsraum unseres Hotels lodert bereits das wärmende Feuer im Ofen. Aus dem Fenster guckend sehen wir aus einer dunklen Wolkenwand nur noch einen schmalen Lichtstrahl. Dann fängt der Himmel an, große Hagelkörner von oben zu werfen. Hoffentlich haben wir morgen früh eine gute Sicht. Nach dem Abendessen plaudern wir mit Jonas, einem deutschen jungen Mann, der noch bis zum Basecamp wandern will.

Die Sherpas schlafen alle hinten zusammengedrängt in einem Raum. Wir gehen hinauf in unser kaltes Zimmer.


4.30 Uhr müssen wir raus aus den Federbetten, da wir den Sonnenaufgang auf dem Poon Hill erleben wollen. Die Sterne stehen so tief, dass man sie mit den spärlichen Lichtern der Häuser an den Berghängen verwechseln kann. Ein steiler Aufstieg von 2.860 m - 3.210 m führt uns und hundert andere nach oben. Eine funktionierende Stirnlampe sollte man auf dem Weg immer dabei haben. Schneematsch liegt noch auf den Stufen. Die ersten Schattenrisse der Sechs- und Siebentausender erscheinen in dem sich auflösenden Nachthimmel. Angekommen, kalter Wind umgibt uns auf der Plattform des „Poon Hills". Die Sonne erhellt immer mehr den sagenhaften Anblick der Himalaja Kette. Wie Vulkane, die weiße Lava spucken, liegen die einzelnen Bergspitzen der Sechs- und Siebentausender (Dhaulagiri, Anapurna) nun vor uns. Der Sonnenaufgang ist atemberaubend. Die Sonne färbt die Gipfel der Berge nach und nach in ein tiefes Orange. Wir holen uns einen heißen Kakao und saugen den Anblick in uns auf. Glücksmomente, die nicht in Worte zu fassen sind. Dann geht es wieder hinunter.

Der Vorteil, wieder einmal keiner Reisegruppe anzugehören ist, dass man draußen auf der Terrasse bei Sonnenschein alleine sein Frühstück einnehmen kann und von hier eine fantastische Sicht auf das Panorama des Massivs hat. Nachdem alle Gruppen abgereist sind, müssen auch wir uns nun auf den Weg machen. Hinunter in den Ort geht es hinter Ghorepani wieder steil aufwärts. Auf einem Bergrücken sehen wir den Aussichtspunkt des Poon Hills, der mit uns jetzt fast auf einer Höhe scheint. Ein Stück weiter liegt ein riesiger Felsen, der mit unendlich vielen Gebetsfahnen behangen ist. Prem und Rainer sind nach einer weiteren halben Stunde Marsch, verschwunden. Ich gehe den Weg alleine weiter. Zum Glück gibt es hier keine Abzweigungen. In Deorali 1 (3.150 m) wollten wir Rast machen, aber niemand von den beiden ist zu entdecken. Verzweifelt frage ich Leute, ob sie die Männer gesehen haben. Langsam gehe ich den Weg weiter, da kommt Prem von unten angerannt. Sie sind schon weiter gegangen, weil es bald regnen soll. Ich war stinksauer. Nach einer schnellen Mittagspause in Deorali 2 treibt uns Prem wieder an. Er geht schon voraus, der Weg ist gekennzeichnet. Übrigens versteht Prem außer „Good morning" kein Wort Englisch und auch mit der Zeichensprache ist es oft missverständlich. Der Weg führt uns durch eine wunderschöne Schlucht. Einsame Pfade, Bäume reiben sich knarzend aneinander und der Wind streicht durch das Blätterdach. Unserem Ohr öffnen sich neue Geräuschwelten. Doch dann, fängt es fürchterlich an zu regnen. Bevor wir völlig durchgeweicht sind, erreichen wir eine Höhle. Kein Mensch kommt jetzt des Weges. Als der Regen etwas nachlässt, packen wir uns in Plastiktüten ein und gehen weiter. Der Wald mit seiner nass strotzenden Vegetation ändert sich plötzlich in ein Aroma von Curry und wir kommen einem Restaurant nahe. Wir quetschen uns zwischen die anderen nassen Verweilenden. Italienische und mexikanische Küche wird auf vielen Speisekarten im Gebirge angeboten. Da haben wahrscheinlich die Touristen aus Italien und den USA so lange genörgelt, bis ihre Essen gekocht wurden. Die vegetarische Nudelsuppe soll den erschöpften Wanderer wieder in Höchstform bringen. Von Prem fehlt jede Spur. Der Regen fängt wieder stärker an. Wir bleiben einfach hier, natürlich nur für eine Stunde, denn es liegt noch ein ganzes Stück Weg vor uns. Jetzt wird es wieder freundlicher, die Sonne lässt sich sehen und auch Prem kommt zum Vorschein. Dann nach einem letzten steilen Aufstieg haben wir unser heutiges Ziel, Thadapani (2.630 m) erreicht. Ein letztes Räumchen neben dem Klo ist für uns frei. Ob es im Ort noch ein besseres Zimmer gibt? Da kommen zwei Schweden und fragen uns, ob wir wissen, ob noch ein Zimmer frei ist. Ich glaube nicht, gebe ich zur Antwort. Sie sagen, dass es im ganzen Ort keine Unterkunft mehr gibt. Schnell gebe ich Prem Bescheid, dass wir hier bleiben. Die Dusche mit Aus- und Einsicht auf den Fußballplatz ist wenigstens heiß. Ein Tischbein unseres Holztisches ist weggerostet und wurde durch einen Holzpfosten ersetzt. Ein Raum auf großen Holzstelzen dient als „Dining Hall". Auch hier brennt wieder ein warmes Feuer. Man ist sich nah und kann mit dem Einen und anderen Wandererfahrungen austauschen.

Für uns ist es kaum vorstellbar, wie auf wenigen Quadratmetern in nächtlicher Finsternis, die nur von wenigen Kerzen gemildert wird, die Leute auf Kerosinkochern oft für 10 und mehr Touristen und die eigene Familie kochen.

Die Sonne kitzelt uns durch das kleine Fenster an der Nase. Ein wunderschöner klarer sonniger Morgen. Auf dem Vorhof wurden bereits die Tische zum Frühstück gedeckt.

Jetzt erst wird uns die spektakuläre Bergkulisse direkt vor uns bewusst. Der „Fischschwanz" zeigt sich von seiner besten Seite. Der Dhaulagiri (8.167 m) ist hier auf kürzester Entfernung zu sehen.

8.30 Uhr läutet Prem zum Aufbruch. Heute geht es fast nur noch bergab. Treppen aus unregelmäßigen Felsen erschweren den Weg beim steilen Abstieg, aber meine Nordic Walking Stöcke entlasten die Beine erheblich. Esel beladen mit Gütern kommen uns entgegen.

Eine Wandergruppe, älterer französischer Leute kommen uns in ihren brandneuen Outfits, der neuesten schweißhemmenden, Feuchtigkeit regulierenden, Licht reflektierenden, wasserfesten ultraleichten Kleidung, von unten auf uns zu. Dahinter ihre Porter. Mit einem Gurt um die Stirn tragen sie die großen Reisetaschen meist zwei übereinander, die das eigentlich zulässige Gewicht von 15 kg sicher deutlich übersteigen, für die Wanderer nach oben. Einige Sherpas konnten sich wenigstens schon ein paar Turnschuhe leisten, die meisten laufen in Badelatschen. Auch Frauen sind dabei, oft ungebildet, sind sie froh, Arbeit zu haben.

Wir überqueren kleine Bäche und Wasserfälle. Bepackte Esel kommen uns rennend entgegen.

In **Ghandrung** (1.950 m) machen wir eine Rast. Überall blühende Bäume, Bambus und an Ketten aufgehängte Blüten der Studentenblumen und ein Bäcker mit frischem Apfelkuchen. Von hier oben blicken wir in ein tiefes Tal. Prem sagt, dass wir auf der anderen Seite noch einmal so hoch müssen, um unser heutiges Ziel zu erreichen.

An einer Schule vorbei kommend, gehen wir hinein. Schüler sitzen mit ihren Lehrerinnen draußen auf den Steinen und schreiben. Einige sind alleine in den offen stehenden Klassenräumen. Wir machen schnell ein paar Späße mit ihnen. Dann treten wir bei dem Schulleiter ins Zimmer und fragen, ob wir etwas spenden können. Fünf Klassen, insgesamt 55 Schüler. Die Pausenklingel wird per Hand geläutet. Mittagspause. Die Kinder holen sich alle, aus einem Regal im Zimmer des Schulleiters, eine Packung Kekse, Cracker oder Instantnudeln ab. Obwohl wir unterwegs an einigen Stellen Boxen für Spenden gesehen haben, ist es uns lieber, eine ganz persönliche Zuwendung abzugeben. Prem wartet an einem azurblauen Haus und sitzt mit einer alten Frau auf einer Bank und knabbert geröstete Maiskörner. An den ganzen Dachgesimsen hängen zum Trocknen aufgefädelte Maiskolben. Wir finden es gut, wie uns Prem immer zu den etwas ärmeren Einheimischen führt und wir gemeinsam mit ihnen Tee trinken. So bekommen auch diese Menschen eine kleine Scheibe vom Tourismus ab. Der Mann mit seinem lila, weiß gestreiften frisch gebügeltem Hemd passt einfach nicht zu seiner viel zu weiten hellbraunen Stoffhose mit den Brandflecken, die ihm um die dürren

Beine schlackert. Die Tochter sitzt auf einer Steinbank am Abhang, hinter ihr das Panorama des aufsteigenden grünen Berges. Sie hat etwas Faszinierendes an sich. Diese Augen, diese aufrechte Haltung und die schüchterne Zurückhaltung. Ich kann den Blick nicht von ihr lassen. Sie trägt passend zu dem Haus ein azurblaues Oberteil und hat ein weinrotes Tuch um ihren wunderschönen langen Zopf gebunden. Auch ich trage heute ein Shirt in der gleichen Farbe und habe ein weißes Tuch um den Kopf gebunden. Ich schenke ihr ein paar Ohrringe und einen Ring, den ich ihr auf ihre schlanken schmutzigen Finger stecke. Stolz und nicht glaubend, dass er jetzt ihr gehört, zeigt sie ihn ihrer Mutter. Meine Augen genießen einen wundervollen Blick über einige Hänge von aggressivem Grün der frischen Reissetzlinge. Hügel an Hügel wurde der Wald abgeholzt, und die Natur behandelt wie ein ungebetener Gast, der vernichtet wird für den Reisanbau. Aber was sollen die Menschen machen in einem Land, in dem so viele Geschöpfe immer noch an Hunger sterben.

Auf unserer Seite des Berges wird der Reis geerntet und auf den Terrassen die Körner per Dreschflegel ausgedroschen. Einheimische begegnen uns, beladen mit Möbelstücken, Körbe voll lebendiger Hühner und abgesichelten Reisstrohballen. Unten im Tal angekommen, überqueren wir eine Hängebrücke über einen reißenden Strom. Frauen überholen uns mit ihren Körben voll abgeerntetem Reisstroh. Die Riemen der Erntekörbe tragen sie über der Stirn. Sie machen eine Rast. Eine unter ihnen hat auch wieder diesen stechenden Blick. Ich versuche, ihren Korb anzuheben und schätze 20 Kilogramm. Aus meinem Rucksack hole ich für sie und ihrem Bruder einen warmen Pullover. Die Wolken ziehen schnell, das Wetter ändert sich ständig. Plötzlich entladen sie sich mit geballter Kraft. Etwas nass erreichen wir ein rostiges Blechdach. Ohrenbetäubend prasselt der Regen herunter. Nach dem Abflauen des Infernos duftet der laue Wind nach abgeerntetem Stroh. Noch etwa 20 Minuten bis Landruk. Aufgeweichte Pferdeäpfel kommen uns in einem braunen Rinnsal entgegen.

Im „Tibetan Gouesthouse" nehmen wir ein Zimmer. Die nette, freundliche Gastwirtin stellt sofort den Boiler der Dusche an. Dann sitzen wir in dem Glasgasthaus, und können von hier den zurückgelegten Weg auf der anderen Seite des Berges erkennen. Kleine Bergdörfer schmiegen sich am Hang entlang. Schieferdächer wechseln mit Dachterrassen ab. In einem Unterstand sitzen zwei Männer und halten ein Feuer bzw. Rauch in Gange, darüber hängen aufgespießt irgendwelche Fleischfetzen zum Räuchern. Am Waschbecken zum Zähneputzen haben die Benutzer ihre verschieden farbigen Zahnbürsten in die Mauerritzen gesteckt. Die Sonne lässt noch einmal ihre Strahlen malerisch in den nassen Reisfeldern glänzen.

Eine Digitaluhr tickt gegenüber unserer Betten an der fleckigen Wand.

Zum Aufwärmen nach der kalten Nacht hat Marianna schon heißen Porridge aufgetischt.

Prem drängelt wieder mal zum Aufbruch. Wir verlassen die blauen Häuser mit den vielen bunten Blumen mit etwas Wehmut. Der fünfte und letzte Trekkingtag begleitet uns zunächst mit einem strahlend blauen Himmel. Der breite Weg führt uns durch zwei kleine Orte, im Letzteren legen wir eine Pause ein und essen Dal Bhat. Dal Bhat, ist das nepalesische Standardgericht, bestehend aus weißem Reis, einer mehr oder weniger dünnen Linsensuppe und Gemüse. Wenn es sehr gut gemacht ist, sind auch zwei

Sorten Gemüsecurry und ein Pickle (sauer eingelegtes Gemüses) dabei, aber das ist eher selten. Auf jeden Fall wird, sobald sich der Teller leert, nachgeschlagen. Der traditionelle Nepalese isst zweimal täglich sein geliebtes Dal Bhat. Und das 365 Tage im Jahr.

Vor dem Eingang zum Toilettenhäuschen wuchert ein riesiger Hanfbusch. Ein alter Mann, auf dessen Oberlippe sich ein dramatischer Herpes niedergelassen hat, zerreibt einige Blätter zwischen seinen rissigen Fingern und hält uns das Dufterlebnis unter die Nase. Am Ende des Ortes steht ein hölzernes mit Hand zu betreibendes „Riesenrad" mit vier „Gondeln". Dann geht es auf Stufen steil nach oben in den Ort Deureli. Ein schmuddeliges Grau hat sich über den Himmel gelegt und es fängt wieder an zu regnen. Als der Regen etwas nachlässt, müssen wir weiter. Der Weg ist jetzt rutschig und schlammig. Am Touristen - Check des Nationalparks müssen wir uns wieder auschecken. Ich habe starken Muskelkater und bin erschöpft. Noch einmal hoch und dann geht es steil bergab, am Australien - Camp vorbei nach Kande. Von hier werden wir mit dem Auto zurück nach Pokhara gefahren. Dankend verabschieden wir uns von Prem. In Pokhara angekommen gibt es einen langen Stau. Auf der Kreuzung hat sich eine Anakonda zwischen die Autos geschlängelt.

Ausschlafen, frühstücken, Wäsche zum Waschen in den Waschsalon bringen, Geld tauschen, Busticket nach Kathmandu kaufen, eine Massage genießen, essen, so verbringen wir einen Tag, an dem wir das tun, wenn man als Traveller mal nicht unterwegs ist.

Um 6.45 Uhr gehen wir zum Busbahnhof. Jeden Morgen sammeln sich im noch kühlen Frühnebel an die 15

Touristenbusse am Kantipath Busbahnhof, die dann gegen 7.30 Uhr losfahren. Frauen mit großen Schüsseln auf dem Kopf verkaufen in Zeitungspapier eingewickelten noch warmen Apfelkuchen. Aufgrund der Druckerschwärze kann ich widerstehen. Aber die Schokocroissants sehen auch verlockend aus und liegen lose in der Schüssel. Das gesamte Massiv des Himalajas in Pokhara verabschiedet sich von uns unter einem stahlblauen Himmel.

Mühsam wackeln wir Schlagloch um Schlagloch über den Pass und quälen uns aus dem Kathmandutal heraus. Vor uns der LKW stößt rußschwarze Fahnen aus. Sobald man den ersten Pass überquert hat, geht es in unendlich vielen steilen Serpentinen wieder hinunter. Die Straße krallt sich am Steilhang fest und wer wagt aus dem Busfenster zu schauen, sieht nur einen tiefen Abgrund. Immer wieder überholen wir die bunten Lastwagen, Manöver, bei denen mir oft der Atem stockt. Entsetzt sehen wir auch, wie die Müllabfuhr ihre Abfälle die Hänge herunterfallen lässt. Nach einer kleinen Teepause am tosenden Fluss geht die Fahrt weiter. Stau, ein Mopedfahrer wurde von einem LKW erwischt.

In Kathmandu werden wir nach sieben Stunden Fahrt mit grauen Giftwolken und dem Krach der Hauptstadt empfangen. Zwei Dinge, die der Stadt wohl nie entkommen werden. Der Gestank, der von den kohlenden Müllhaufen, und den in der heißen Sonne gärenden Halden ausgeht, ist eben typisch Kathmandu. Der Bus hält irgendwo am Straßenrand. Wo genau wir uns befinden, lässt sich nicht ausfindig machen. Mit einem Taxi klappern wir einige Hostels ab. In einer Sackgasse, in der die Luft zum Atmen ausreicht, checken wir uns in ein Hostel ein. Bevor wir uns von unserer Rettungsinsel wieder in den stinkenden Moloch stürzen, trinken wir auf dem Roof Top, umgeben von Bäumen, einen Kaffee.

Als wir auf die große Straße gehen, haben Heerscharen von Mopeds und Autos diese erobert. Ich setze mir meine Atemschutzmaske auf. Das war nur ein kurzer Angriff auf die Stadt, wir gehen bald wieder zurück in unsere ruhige Sackgasse. Oben auf dem Roof Top haben es sich inzwischen die Cannabis rauchenden Jungfreaks gemütlich gemacht und bitten uns mit den lang gezogenen Worten „ Come in our circle", sich zu ihnen zu setzen. Dankend lehnen wir ab.

**Kathmandu** in einem engen Talkessel gelegen, hat mehr als 800.000 Einwohner, stetig steigend. Die Stadt ist noch heute nach Stadtvierteln organisiert, deren Benennung vor langer Zeit, nach wichtigen Wegkreuzungen zwischen den einstigen Dörfern, die rings um die Tempel und Königspaläste lagen erfolgte. Aber die Stadt ist recht grün und was den Müll anbetrifft relativ sauber, wohin, der Müll gebracht wird, weiß nur Buddha und die Stadtverwaltung.

Am nächsten Morgen wagen wir einen zweiten Angriff auf das zunächst verwirrende Gewirr der engen Gassen von Kathmandu. Taumelnd durch Thamel, von einem Eindruck zum anderen. Begleitet vom Gewimmel der Fußgänger, fahrender und stehender Rikschafahrer, Lastenträger und Mopeds, zwängen sich alle aneinander vorbei. Keine Hektik und keine Verärgerung über andere Verkehrsteilnehmer sind zu spüren, und so lassen wir uns im Strom der Geschäftigkeit treiben. Hier im Viertel von Thamel pulsiert das Geschäftsleben. Hinter jeder Ecke lauert etwas Neues, interessantes, erschütterndes, niedliches, ekliges, aber immer spannendes.

In den Gassen gibt es bestimmte Läden, die nach den Erzeugnissen benannt werden. So z.B. die Schuhgasse, die Töpfergasse, die Fleischgasse, die mit ihren abgehackten abgezogenen Ziegenköpfen in die Rubrik „Eklig" einzuordnen ist. Die Ein-Mann Straßenstände ziehen von morgens bis abends durch die Straßen und verkaufen Streetfood. Und trotzdem wird einem nach einiger Zeit das ganze Chaos Kathmandus, sympathisch. Geschäftigkeit, jedoch keine Hektik. Wir gelangen zur Freak Street. Zu Zeiten der Hippie Ära war dies der Treffpunkt aller Ausgeflippten. Bis 1973 gab es noch drei erlaubte Haschischläden. Einige Läden, Shisha Bars und bunte Häuser auf deren Fensterbrettern, Balkonen und Dachterrassen, Topfpflanzen stehen, lassen das Flair dieser Zeiten noch erahnen. Über den Durbar Square gehen wir zur Main Street und fahren mit dem Taxi nach Patan.

**Patan**, ist von Kathmandu nur durch den Bagmati- Fluss getrennt. Im Gegensatz zu Kathmandu und Bhaktapur ist Patan vorrangig eine buddhistische Stadt. Dies zeigt sich schon in über 150 ehemaligen Klöstern und durch ihre Gründungslegende. Patan soll vom buddhistischen Kaiser Ashoka gegründet worden sein. Der Ort steckt voller architektonischer Sehenswürdigkeiten. Im Mittelpunkt befindet sich der Palast- und Tempelbezirk, der Durbar Square. Von Süd nach Nord erstreckt sich hier der Mangal Basar, durch den früher der Weg von Indien nach Tibet führte, demnach bieten auch heute noch eine ganze Reihe von Händlern ihre Waren an. Der älteste Tempel des Platzes ist der Car-Narayana-Tempel, dessen Dachstreben unterschiedliche Erscheinungsformen Vishnus zeigen.

Wer den Durbar Square von Patan besichtigen will, muss zunächst 200 Rupien als Tourist zahlen. Das Geld wird für die Instandhaltung und Restauration der Gebäude benötigt.

Im „Café du Temple", am nördlichen Rand des Durbar Square legen wir eine Pause auf der Dachterrasse ein. Von hier kann man die ganze Pracht und das Gewimmel auf dem Platz verfolgen.

Zum Essen sind wir mit Simone unserer Nachbarin aus Berlin, die gestern in Kathmandu angekommen ist, verabredet. Gemeinsam sitzen wir mit ihr, ihrer Freundin und einem heimischen Guide in einem netten Restaurant.

Am Ende des Tages haben mich nicht mehr das Chaos, sondern die sympathischen Menschen und das Magische ihrer Geschichte gefesselt. Die immense Reizüberflutung des Tages lässt mich nur schwer einschlafen.

Während des Frühstücks zieht die Putzkolonne durch den Speiseraum. Da werden Lampenschirme abgewedelt und der Strohbesen wirbelt allen erdenklichen Schmutz des Vorabends durch den Raum. Bierflaschen klappern, Sitzkissen werden ausgestaubt.

Unser Taxi nach Nargakot steht vor der Tür. Stetig bergauf und kurvenreich fahren wir raus in die Natur. Endlich kann ich wieder frei atmen.

**Nagarkot** liegt ca.14 Kilometer nordöstlich von Bhaktapur auf knapp 2.000 Metern Höhe. Er erstreckt sich über einen Bergrücken und besteht fast ausschließlich aus kleineren Hotels ohne großen Luxus. Die eigentliche Attraktion ist nicht der Ort selber, sondern das fantastische Panorama auf die Gebirgskette des Langtang-Himals mit den Gipfeln des Langtang Lirung I (7.226 m) und des Gan

Chenpo (6.387 m). Bei guter Fernsicht ist, sogar der Shisha Pangma (8.013 m) zu erkennen, wenn der Dunst von Kathmandu den Blick nicht trübt. Ansonsten braucht man natürlich auch ein wenig Glück, dass keine Wolken den Blick verdecken.

Im „Hotel at the End of the Univers", auf einem Berg gelegen, nehmen wir uns einen Bungalow. Eine kleine Wanderung führt uns durch den Community Forest, einen Bergregenwald. Bäche, Farne, Bambus, Gezwitscher und Gegrille. Es riecht nach dem harzigen Duft des Himalaja Zedernholzes. Überdimensionale Spinnennetze hängen im Glanz der späten Nachmittagssonne zwischen den Bäumen.

In der Nacht wird es eisig. Beißende Kälte leckt an meinen Füßen.

Zum Sonnenaufgang stehen wir auf, um den Anblick des Himalaja Massivs vom Viewpoint eines Tempels, zu sehen. Den besten Blick hat man in den frühen Morgenstunden und am späten Nachmittag. Wie aufgefädelt in einer Reihe hängen die Bergspitzen der Gebirgskette des Langtang-Himals über dem darunter liegenden Nebel. Auf allen umliegenden Türmen und Aussichtspunkten stehen Touristen und Japaner mit riesigen Objektiven.

Der orangene Ball Sonne klettert rechts hinter den Bäumen hervor. Ein alter Mann vollzieht um den Tempel sein morgendliches Gebet. Er verstreut Reis, schmeißt eine Studentenblume gegen das Heiligtum und läutet die Glocke.

Das Leben der Nepalis in den abgelegenen Gegenden ist schwer. Zu den Dörfern führen meist nur spärlich ausgestattete Wege. Das nächste Krankenhaus ist oft Tagesmärsche weit weg.

Auf unserem Weg gelangen wir in ein erstes Dorf. Kinder kommen uns, obwohl Sonntag ist, in Schulkleidung entgegen. An einem kleinen Laden fragen wir nach einem Frühstück. Dazu ist es noch zu zeitig, aber einen Tee können wir haben. Wir schauen uns ein wenig um. Hinter dem Haus machen sich drei Geschwister für die Schule fertig. Später erklärt man uns, dass hier am Sonnabend schulfrei ist. Zwei andere Kinder spielen mit Mulifladen. Dann setzen wir uns an den weißen Plastiktisch unter dem bunten Sonnenschirm. Der Mann hat uns, auch wenn es für uns nicht die Zeit zum Nudelessen ist, ein Chowmen (Nudelgericht) zubereitet. Wir nehmen dankend an. Neben uns sitzt eine Alte, deren linkes Auge, aus Glas ist. Zwischen dem Zeige- und Mittelfinger hält sie eine Zigarette. Sie trägt Nasenringe, ein Tuch um den Kopf gebunden mustert sie uns argwöhnisch. Drei Hühner setzen sich direkt hinter uns auf eine Stange und gackern uns beim Essen zu. Auch die drei Geschwister essen alle mit der Hand aus einem Topf einen Brei und laufen dann los. Während des Essens haben sich noch einige Nachbarn in die Nähe des Ladens gewagt. Sie begrüßen uns mit einem „Namaste" (ich grüße das Göttliche in dir). Dabei halten sie die Handflächen zusammengepresst vor die Brust und nicken lächelnd. Nach dem Mahl verab-schieden wir uns und gehen weiter. Am Ende des Dorfes steht eine fast eingefallene Hütte. Eine magere Ziege und zwei noch magerere Hühner laufen zwischen der am Boden kauernden Frau, die Knoblauch schält und den Kindern, die im Gestein der eingefallenen Mauern spielen, umher. Ein paar Kekse zeigend, kommen sie auf uns zu gerannt. Rund um die Nase klebt verrotzter Schnodder, aber an ihren roten Bäckchen erkennt man, dass sie Tag und Nacht frische Luft atmen. Eine Schotterpiste schlängelt sich jetzt durch Wald, Felder, kleine Siedlungen und wunderschönen Landschaft. Immer wieder begegnen uns streunende Hunde in allen Größen, abgemagert, dick, krank oder herrenlos, ihr Bellen ist oft kläglich.

Nach drei Stunden gelangen wir an eine Planierraupe, die scheinbar seit Jahren darauf wartet, dass die nicht fertig gestellte Bitumenstraße weiter gebaut wird. Nach zwei Kurven erreichen wir einen Bus Stopp, wo uns der Bus nach Bhaktapur bringt.

**Bhaktapur** - hat von den ehemaligen drei Königstädten seinen mittelalterlichen Charakter in jeder Hinsicht am stärksten bewahrt. Sie ist die drittgrößte und vorwiegend hinduistische Stadt. Autos und Mopeds sind verboten. Berge an ungeschältem Reis lagern auf freien Plätzen und warten darauf, ausgeschlagen zu werden. In großen geflochtenen Schalen wird der ausgedroschene Reis nochmals in die Luft geworfen, sodass der Wind die letzten leichten Hüllen mit sich fortträgt. Eine alte Frau sitzt mit ihrem Enkel auf dem Arme und füttert nebenbei die Hühner, die eifrig die Körner aufpicken.

Die Händlerinnen haben schon ihre bescheidenen, mit wunderschönen frischen Blumen und Gemüsebergen ausgestatteten Marktstände eingerichtet.

Am Durbar Square mit dem großen Königspalast und der Tempelanlage könnte man viel Zeit mit Beobachten verbringen. Straßenkinder leben hier von den Gaben der Touristen. Es sind Kinder, die vergessen wurden, wie staubiges Spielzeug in einem Kinderzimmer, das sie nie gehabt haben.

Der Bus nach Nargakot steht schon bereit. Auf den meisten Plätzen liegen bereits Taschen als Reservierschild.

Auf den noch zwei freien Sitzplätzen sind die Kopfteile so schmierig schwarz glänzend, das meine Alufolie wieder zum Einsatz kommt. Es wird alles in den Bus gestopft, was geht. Ein übergroßer Holländer steht mit gesenktem Kopf im Gang. Der Bus ruckt an, um zu „sagen" es geht los und, um noch einige Fahrgäste einzusammeln. Auf den letzten Kilometern zeigt der Busfahrer noch einmal, was er so drauf hat. Licht wird nur an ganz besonders engen Kurven eingeschaltet. Die Musik übertönt sämtliches Geplapper im Bus. Die jugendlichen Mitfahrer stimmen in den Gesang aus den knarzenden Lautsprechern mit ein. Der Bus geht in Schieflage und die Stimmung wird immer angeregter.

Als wir aus dem Bus aussteigen, hat sich das Rostrot des späten Abendhimmels bereits über den Bergrücken des Himalaja Gebirges gelegt.

Ein Adler sitzt auf der Spitze einer Tanne und scheint genau, wie wir auf die Bergkuppen des fantastischen Rundummassives des Himalajas zu blicken. Ein Synonym aus Kälte und Eis.

Unser Taxifahrer von vorgestern steht um 13.00 Uhr vor unserer Hütte. Wir brechen auf, zurück Richtung Kathmandu. Da wir nach Bodnath wollen, fährt der Bus den Außenring um die Stadt entlang.

Es herrschen katastrophale Straßenverhältnisse. Schotterpisten wechseln mit löchrigen Bitumenstraßen. Spitze Granitsteine ragen zeitweise aus dem Boden in die Höhe.

Nach einer Weile des Suchens finden wir eine Unterkunft weit oben auf einer Dachterrasse. Als ich mich dann umsehe, kann ich in kurzer Entfernung den Stupa von Bodnath erblicken. Und schon aus der Ferne bin ich beeindruckt, von den zwei überdimensionalen blauen

Augen, die mir scheinbar direkt in meine schauen. Das allsehende Auge Buddhas.
Um das Wunderwerk aus nächster Nähe zu betrachten, machen wir uns gleich auf den Weg.

Der Stupa von Bodnath ist eines der größten Heiligtümer der Buddhisten. Er wurde bereits zwischen dem 5. und 7. Jahrhundert errichtet.
**Bodnath** liegt nur acht Kilometer in Richtung tibetischer Grenze von Kathmandu entfernt.
1959 nach der Flucht des Dalai Lamas und vieler anderer tibetischer Flüchtlinge entstand hier ein neues religiöses Zentrum des tibetischen Buddhismus in Nepal.
Eine mächtige 15 Meter hohe weiße Halbkugel überragt von einem viereckigen goldenen Turm, aus dem ein kegelförmiger nach oben verjüngender Aufsatz ragt. Die Spitze bildet ein Lotus Sonnenschirm. Das Ganze ruht auf einem quadratischen Sockel mit drei aufsteigenden Terrassen. Ringsum flattern in leichter Brise die bunten Gebetsfahnen. Die Anlage hat die Form eines Mandalas.
Über diesem unglaublichen Bauwerk schließt der klare blaue Himmel ein Dach. Die Augen Buddhas scheinen einen aus der Nähe zu durchdringen und in seinen Bann zu ziehen. Rund um den Stupa befindet sich ein breiter gepflasterter Weg, der durch einen Häuserring aus kleinen tibetischen Klöstern, Restaurants, Souvenirläden und Cafés von der Außenwelt begrenzt wird.
Unentwegt umschreiten die Gläubigen im Uhrzeigersinn den Stupa, dabei drehen sie, die in den 147 kleinen Nischen eingebauten Gebetstrommeln. Es ist der Ort, der durch seine Gebete Wünsche in Erfüllung gehen lässt. Auch wir drehen unsere erste Runde, jeder in seinen Gedanken verloren.

Am Morgen wollen wir an einer der Zeremonien in einem der umliegenden Klöster teilnehmen. Es ist noch zu früh und so setzen wir uns auf die Stufen vor dem Kloster.

Doch bald öffnet sich die große Tür der Gebetshalle. Die Mönche sitzen in neun Reihen auf ihren kräftig bunten Kissen. Hinter dem Altar steht Buddha in drei verschiedenen Stellungen. Die Wände sind mit bunten Thangkas (buddhistische Rollbilder) geschmückt. Der Altar ist gefüllt mit rituellen Gefäßen, Buddha Statuen, und gleicht ein wenig einem Frühstücksbüfett. Ein Bild des Dalai Lama ist ebenfalls aufgestellt. Wir setzen uns auf die Besucherkissen am Boden etwas abseits der Zeremonie. Es folgt eine Stunde des ins Innere Kehrens. Ich lausche der Musik aus Hörnern, Muscheln und Trompeten, begleitet von Gongs und Rasseln. Die Mönche sind hoch konzentriert und scheinen ihre Umwelt nicht wahrzunehmen. Dann gibt es Frühstück. Aus einem Wassereimer wird der Rosinenreis auf Plastiktellern verteilt. Nehmen sich die Mönche vor lauter Beten keine Zeit mehr zum Abwaschen? Auch wir werden in das Frühstück einbezogen. In freudiger Erwartung auf einen würzigen Masalatee, werde ich bitterlich enttäuscht. Es schmeckt grauenvoll.

„Buttertee"- die Mönche trinken diesen Tee gerne, wenn sie meditieren und nichts essen dürfen. Der Tee wird mit Yak - Butter zubereitet und ist gesalzen wie eine Suppe. Die Tibeter, die normalerweise in Höhenlagen um die 4.000 Meter zu Hause sind, sind auf solche Energielieferanten angewiesen.

Ich kann den Tee nicht trinken. Rainer quält sich meinen auch noch runter, denn wir wollen nicht unhöflich sein. Bei der nächsten Verteilung lehnen wir mit einem aufgesetzten Lächeln ab. Nach der Zeremonie schauen wir uns noch etwas um, und entdecken in einem mit Stoffen abgeteilten Raum vier Mönche, die auf einem großen runden Tisch sitzen und gebeugt an einem Mandala arbeiten.

Mandalas, sind kreisförmige Meditationsbilder. Jedes Mandala ist Wohnort einer Gottheit und eine Repräsentation des buddhistischen Kosmos. Wie eine Landkarte zeigen sie dem Praktizierenden den Weg zur zentralen Gottheit in der Mitte des Bildes. Sie werden immer als Palast dargestellt, dessen Tore in die vier Himmelsrichtungen weisen. Sandmandalas haben im tibetischen Buddhismus eine uralte Tradition und werden auf streng rituelle Weise hergestellt. Sie dienen in erster Linie als Meditationsbilder bzw. als Hilfe auf dem Weg zur Erleuchtung. Schon das Streuen eines Sandmandalas erfordert höchste Konzentration. Die Motive werden aus feinem, mit Farben vermischtem Quarzsand in einem Holzröhrchen eingestreut. Der bunte Sand wird perfekt platziert, sodass ein detailreiches Bild entsteht. Mandalas symbolisieren unter anderem die Vergänglichkeit allen Lebens und die Loslösung von der materiellen Welt, denn nach Fertigstellung eines Sandmandalas wird es nach spätestens sieben Tagen wieder zusammengemischt und in einen Fluss gestreut, also der Erde wiedergegeben und damit die Endlichkeit aller Dinge eindrucksvoll demonstriert.

Würde man den Stupa von Bodnath aus der Luft sehen, könnte man die Form eines Mandalas deutlich erkennen. Die Mönche tragen einen Mundschutz, denn ein unvorhergesehenes Niesen könnte die Arbeit zerstören. Wir

sollen morgen um 8.00 Uhr zur Zeremonie wiederkommen, dann ist das Mandala fertig.
Unser Magen verlangt jetzt nach einem richtigen
Frühstück. Und dank des Tourismus, entdecken wir in
einem neu eröffneten Café, in einer ehemaligen Garage,
Schwarzbrot und Bratkartoffeln auf der Menükarte. Es
gibt drei Tische mit modern gepolsterten Stühlen. Ich
möchte Fruitporridge mit Banane, Äpfeln und Papaya.
Lassis gibt es nur sweet plain oder Banane. Ich bestelle
einen Papayalassi. Die junge Frau schaut mich skeptisch
an und sagt, dass sie das noch nie probiert hat. Ich sage,
sie soll es einfach machen. Als sie ihn mir bringt, ist sie
begeistert. In der nächsten neuen Speisekarte wird Papaya
Lassi nun mit auf die Karte gesetzt. Und so erfahren die
einheimischen Neuinvestoren immer wieder Neues, was
unser europäisches Herz so begehrt.
Auf einer schlechten Straße vorbei an kleinen alten und
großen neuen Häusern machen wir uns zu Fuß auf den
Weg nach Pashputinath, dem bedeutendsten hindu-
istischem Heiligtum, dass dem Gott Pashupati (hier wird
Shiva als Herr der Tiere verehrt) geweiht ist.

Die Legende erzählt:

*„Shiva wollte sich vor seinen Begleitern Vishnu und
Brahma verbergen und nahm die Gestalt einer Gazelle an
und vergnügte sich mit Parvati als Gazellenweibchen.
Vishnu und Brahma suchten Shiva und fanden ihn in seiner
Gazellen Gestalt. Als Shiva sich weigerte, seine
ursprüngliche Form anzunehmen, versuchten seine
Begleiter ihn mit Gewalt zu zwingen.
Sie packten Shiva Einhorn, das jedoch dabei zerbrach und
er die Flucht an das Bagmatiufer ergriff. Seine Gefährtin*

*Parvati wollte von da an mit Shiva hier verweilen. Shiva versprach den Menschen, die ihn sehen, dass sie nicht als Tier wiedergeboren werden. Sein gebrochenes Horn sollte als sein Linga aufgestellt und verehrt werden. "*

**Pashputinath** hat für die Hindus in Nepal die gleiche Bedeutung wie Varanasi in Indien.

Es gibt aber auch ein Altersheim in Pashupatinath. Ungefähr 230 alte Menschen ohne Familie leben hier in kleinen armseligen Zellen und warten auf ihren Tod. Neben uns sitzt eine, wie sie uns mitteilt, 90-jährige Frau. Sie strahlt eine Gelassenheit aus, als wollte sie sagen: „Ich habe nichts mehr vor". Doch ihr Lächeln ging auf halbem Weg verloren, als hätte sie Angst, es könnte ihr jemand etwas wegnehmen, weil es das Einzige ist, was sie besitzt. Zwei alte Männer sitzen auf einer Bank, wie zwei Häufchen aus buntem Stoff, weiße Haare, die Haut zerknittert wie Pergamentpapier. Einer hat die flinken Augen einer Möwe, der andere eine gebogene Nase, wie ein Bussard. Ein paar Schüler bearbeiten die Gartenanlagen auf dem Gelände. Drei andere alte Herren auf blauen Plastikstühlen beobachten das Geschehen rechts und links von ihnen. Makaber oder skurril sind auch die Darbietungen der Sadhus, die Pashupatinath zu ihrem Sammelpunkt erklärt haben. Die kleinen Messingeimerchen für Spenden vor sich aufgestellt, präsentieren sie ihre bis zu fünf Meter lange Haarpracht. Viele Sadhus, aber nicht alle, verehren besonders Shiva, dem zu Ehren ständig Cannabis geraucht wird. Sie verzichten gänzlich auf Friseurbesuche und erachten Kleidung als eher unnötig, da sie ihre nackten Körper mit Asche und Staub zu bedecken pflegen. Und wie gesagt, sie kiffen, was das Zeug hält: Haschisch und Marihuana, gemischt mit Tabak, manchmal auch mit Bilsenkraut und Stechapfel. Immer und zu jedem Augenblick des Wachzustandes (so man von einem solchem reden kann).

Am Abend haben unsere Vermieter, uns zu sich, zum Essen eingeladen. Eine Einladung zum Essen bedeutet hier, dass wir im Wohnzimmer sitzen, von der Frau bedient werden und alleine essen. Was sie aus der Küche bringt, ist lecker. Shara, der Mann und sein Sohn unterhalten uns währenddessen. Sie essen erst, wenn wir gegangen sind.

Weiße Wolkenberge schweben am Morgen über der Stupa. Mit dem Blick zur Stupa machen wir unsere morgendlichen Atemübungen auf der Terrasse. Der Mönch nebenan vollzieht ebenfalls sein Ritual Richtung Stupa. Auch Shara kommt später nach oben und verteilt Reiskörner und Früchte als Opfergaben auf die Mauer. Mit dem Entzünden der Räucherstäbchen erhofft sie sich, nach ihren buddhistischen Vorstellungen, Verdienste auf ihrem Weg zum Glück.

Um 9.00 Uhr treffen wir uns vor dem „Responsible Tourismusbüro" von Bodnath zum wöchentlichen „Boudha Social Trek". Wir kaufen eine Packung Gebetsfahnen. Der Verkäufer huldigt die erste Einnahme des Tages, indem er das Geld erst an die Stirn und danach an die Brust/das Herz drückt, bevor es in die Kasse wandert. Das bedeutet: jetzt gehts gut weiter mit dem Tagesgeschäft. Zunächst gehen wir über eine Stunde durch die Stadt, dann gehts hinauf in das umliegende nördliche Hügelland und zum Pullahari Kloster. Bedeutende Lamas (keine Tiere) haben hier residiert. Lama sind tibetische Lehrer, Leiter oder Priester. Im Klostergarten befindet sich ein offenes Restaurant. Kleine Mönche, die gerade erst angekommen sind und sich noch von ihren Eltern verabschieden, erhalten am

Tresen, Stifte, Schreibblocks und Seife. Einige Gesichter sind verbittert. Die Kinder müssen jetzt für einige Zeit weit weg von ihren Familien im Kloster leben, in Gehorsam und Enthaltsamkeit. Meist, nur einmal im Jahr sehen sie ihre Angehörigen. Sie werden hier erzogen und dürfen erst dann eine eigene Familie gründen.

Nach einer Stunde weiterem Marsch gelangen wir zur Kopan Monastry. Ein Ort der Ruhe und Meditation, ein buddhistisches Kloster in der tibetischen Tradition. Es liegt auf einem Hügel mit Blick auf das Kathmandu - Tal. Kopan begann aus einer Vision von Lama Yeshe im Jahre 1969. Von seinem Zimmer in Boudha sah er auf die umliegenden Hügel. Er dachte, dass dies ein großartiger Ort für ein Kloster wäre. Die Erhaltung der buddhistischen Tradition, wie sie in Tibet über viele Jahrhunderte praktiziert wurde, ist ein Ziel von Kloster Kopan. Lehren, Rituale und Gebete zu Ehren dieser Tradition sind Teil des täglichen Ablaufs. Hier werden die zukünftigen Lehrer des tibetischen Buddhismus ausgebildet. Der schöne Garten ist durchsetzt mit Statuen, Stupas und Brunnen. Über den Zäunen hängen frisch gewaschene bordeauxrote Mönchs-roben.

Nachdem wir das Kloster verlassen haben, hängen wir in einem kleinen Waldgebiet unsere Gebetsfahnen auf. Jede Farbe repräsentiert ein anderes Element. Nach der traditionellen Farbenlehre verkörpert Blau den Himmel, Weiß die Luft, Rot das Feuer, Grün das Wasser und Gelb die Erde. Nach dem Glauben der Buddhisten soll der beständig wehende Wind die Gebete, die auf den Gebetsfahnen abgedruckt sind, hinaus in die Welt tragen.

Als wir zurück nach Bodnath kommen, glänzt das späte Sonnenlicht nahezu vergoldet über der Stupa.

Begleitet von Mönchen in Markenturnschuhen, jungen Tibetanerinnen in Jeans, Nonnen sowie Touristen mit Sonnenbrillen und Kameras, umrundet abermals ein breiter Strom das Denkmal ein ums andere Mal. Um sie herum verkaufen Händler Mandalas, Stoffhosen, Klangschalen und Buddha-Statuen vor ihren Läden, Bettler flehen um Almosen, Straßenhunde schlafen auf dem braunroten Pflaster und die Tauben gurren von den Dächern. Die Magie wird spürbar während der Dämmerungsphase, wenn sich jetzt im Schein der Lichter abermals ein breiter Strom Gläubiger um den Stupa wälzt. Viele tragen zwischen den Fingern eine Perlenkette, die bei jedem „Om Mani Padme Hum" (oh, du Juwel in der Lotusblüte) eine Perle weiter gleitet. Heute ist Vollmond, immer ein besonderer Tag an der Stupa. Den ganzen Tag über wurde der Stupa geschmückt und mit tausenden Kerzen und Gebetslämpchen in den hunderten Nischen aufgestellt und angezündet. Der schwarze Nachthimmel ist durch den Vollmond und die Helligkeit der Lichter in ein mildes Grau übergegangen.

Am nächsten Morgen beim Frühstück lernen wir Ursula Ochs und ihren Mann kennen. Sie haben in Eigeninitiative einen Verein gegründet, um bedürftigen Menschen in Nepal zu helfen.

Einige Bilder dieser Reise sind noch lange fest in meinem Kopf eingebrannt. Das Ungewöhnliche existiert, als wäre es völlig normal. Mittelalterliche Traditionen begegnen einem an jedem Tag. Noch immer eines der ärmsten Länder der Welt, zählt Nepal kulturell zu den Reichsten. Wenn man die Kriege auf dieser Welt bedenkt, die aus Glaubensgründen geführt werden und wurden, bin ich immer wieder beeindruckt, wie relativ friedlich die Anhänger des Hinduismus und des Buddhismus auf dem indischen Subkontinent zusammenleben. Die Religion scheint den Menschen die Kraft und den Halt zu geben, das schwere Los ihres Alltags zu ertragen.

Ich glaube, ich werde wiederkommen, in dieses kleine Land am Rande des Himalajas.

*„Wäre in Nepal nichts erhalten außer dem Königspalast von Bhaktapur, es wäre immer noch eine Reise wert, um es zu sehen."*

Edward Alexander Powell

Vier Monate später im März 2015 erfasste ein Erdbeben das Land und legte viele der schönen Gebäude in Schutt und Asche.

Ghorepani

Mandala

Kathmandu

235

Pokhara

## 25 Tipps, die man mit auf die Reise mitnehmen sollte

- ✓ Ohrenstöpsel sollten zur Standardausrüstung eines jeden Asienreisenden gehören.
- ✓ "Cook it, peel it or forget it", Koche es, pelle es oder vergiss es!
- ✓ Auf Eis und frisch zubereitete Salate ist zu verzichten, auch wenn es noch so verführt.
- ✓ Kein Wasser aus der Leitung trinken. In Indien ist es auch ratsam, das Wasser zum Zähneputzen vorher abzukochen oder Trinkwasser aus Flaschen zu benutzen.

- ✓ Aufgrund von Stromausfällen am Abend, ist es immer ratsam, eine Taschenlampe bei sich zu haben.
- ✓ Ein dünner Leinenschlafsack passt immer ins Gepäck und ist wegen der oft teilweise mehrmals benutzten Bettwäsche oder selten gewaschenen, unbezogenen Decken, mitzunehmen.
- ✓ Oft sind die Türen in den einfachen Unterkünften mit einem billigen Vorhängeschloss versehen. Hier solltest du dir dein eigenes starkes Schloss mitbringen.
- ✓ Bargeld, Kreditkarten und Ausweispapiere in einem Baumwollgürtel immer am Mann/Frau tragen.
- ✓ Du solltest deinem Mitreisenden immer eine Kopie deiner Ausweise und Flugtickets ins Gepäck mitgeben. Wenn du alleine reist, mache auch eine Kopie und deponiere sie in deinem großen Gepäck.
- ✓ Von Drogen jeglicher Art lass die Finger, gerade in den asiatischen Ländern erwarten dich hohe Strafen.
- ✓ Im Bus sitze hinten und bete oder sitze vorne und pass auf, dass der Fahrer nicht einschläft.
- ✓ Bei den Asiaten bedeutet ein Kopfnicken „nein" und Kopfkreisen „ja"
- ✓ Glaube nicht immer, wenn dir ein Asiate den Weg zeigt, sie sagen nie, wenn sie etwas nicht wissen. Lieber mehrere Leute fragen.
- ✓ Vor einer Fahrt mit einem Taxi möglichst den Preis vereinbaren, dann halten sich die meisten Fahrer daran.
- ✓ Wer es nicht so scharf beim Essen mag, sollte das dem Kellner sagen. Was für uns scharf bedeutet, ist für die Asiaten o. Südamerikaner ungewürzt. Was für uns süß ist, hat dort eine andere Bedeutung.
- ✓ Feuchttücher und Toilettenpapier immer im Handtäschchen mit sich nehmen. Bei Tagestouren unterwegs

fehlt oft das Papier, Wasser zum Händewaschen ist durch defekte Wasseranlagen nicht immer vorhanden.

✓ Selten musst du dich auf einer Bus - oder Zugfahrt mit Proviant versorgen. Zu essen gibt es jederzeit und überall. Nur Trinkwasser solltest du immer dabei haben.

✓ Wenn dich ein Taxifahrer fragt, ob du schon einmal im Land warst, sage immer „Ja", dann denken sie, du kennst dich aus, und sie versuchen nicht, dich über den Tisch zu ziehen.

✓ Wenn du eine Flasche Wasser kaufst, kontrolliere, ob sie wirklich fest verschlossen ist. Es passiert, dass Händler einfach Leitungswasser abfüllen, und es dann verkaufen.

✓ Auf Fahrten, egal, ob Bus, Bahn, Pick up oder Boot nehme ich immer ein Tuch mit zum Schutz vor Staub, Abgase, Sonne, dem Fahrtwind oder den Klimaanlagen (1. Klasse Zug fahren) mit.

✓ Das Nichtpacken ist wichtiger als das Packen.

✓ Nackenkissen für lange Busfahrten, machen den Schlaf angenehmer.

✓ Die Muttersprache verlangt keiner von dir und mit deinem Englisch solltest du wissen, wann und wo der Bus abfährt, Essen bestellen und eine Unterkunft finden.

✓ Bei verloren gegangenem Reisepass oder Kreditkarte locker bleiben und nicht das Atmen vergessen. Lass lieber gleich alles Wichtige im Hostel oder der Bauchtasche.

✓ Höre auf dein Bauch und dein Herz, gesunder Menschenverstand, statt Leichtsinn.

# Schlusswort

Nach Beendigung dieser Reisen war mein Kopf jedes Mal vollgestopft mit Bildern und Erlebnissen unerklärlicher Art. Ich habe sie versucht zu verstehen, was nicht immer gelang. Der indische Subkontinent ist eine der wunderbarsten Katastrophen, die ich kenne und liebe.

Ein Flickenteppich aus Kulturen und Religionen, ein Strudel an Farben und Gerüchen, 2.000 Jahre alte Yogastellungen, hier fangen bei „no-problem" die Probleme erst richtig an und wer hier kein Bakschisch (Schmiergeld) zahlt bleibt ewig Letzter.

Ich versuche, ein möglichst realistisches Bild von Indien und seinen Nachbarn abzugeben, mit all seinen Höhen und Tiefen zu beschreiben. Man darf sich in Indien nicht von positiven Erlebnissen euphorisieren und von schlechten Begebenheiten runterziehen lassen. Man muss vieles hinnehmen auch wenn es schwer fällt.

Die Inder verstehen sicher auch nicht, wieso wir ständig „Bockwurst" essen, warum wir immer damit beschäftigt sind, den Tag zu planen. Wundern sich, mit was für einen großen Rucksack wir unterwegs sind. Warum der Mann lange und die Frau kurze Haare hat.

Wer den indischen Subkontinent kennenlernen möchte, muss ihn spüren, riechen schmecken, sehen, mit allen Sinnen wahrnehmen. Es ist eine Welt voll Wunder, Magie und Grausamkeiten.

Wer eine Sehnsucht nach dem Unerklärlichen sucht, findet sie hier. Wenn man sich an die Regeln hält, kann man Unannehmlichkeiten weitgehend vermeiden

# Zur Autorin:

Geboren in Bad Belzig, zog es mich, Davia Franz, mit 18 Jahren nach Berlin. Dort studierte ich Bauingenieurwesen und arbeite noch heute in dem Beruf. Ich habe zwei erwachsene Kinder und bin mittlerweile Oma.

Mit der Wende war für mich und meinem Mann klar, wir wollen endlich die große weite Welt kennenlernen. Und so fahre ich entweder mit Rainer, meiner Tochter Sina oder alleine, seit 25 Jahren jährlich über die Grenzen Europas hinaus. Erkunden und Entdecken, was hinter dem Horizont steckt, ist immer wieder eine neue Herausforderung, die ich brauche.

## Indien

*Palast von Mysore*

*GOA*

241

# *Nepal*

# Sri Lanka

## *„Liebst du dein Kind, so schicke es auf Reisen"*

*indisches Sprichwort*

Ich möchte Sie hiermit einladen, etwas mehr über den Verein **Direkthilfe Nepal e.V.** zu erfahren.

## *Namaste!*

*„Du und ich wir sind eins; ich grüße das Göttliche in Dir."*